Anita Wanninger

Servant Leadership und agile Teams

Wie Unternehmen die Effektivität ihrer Teams steigern

Bibliografische Information der Deutschen Nationalbibliothek:
Die Deutsche Nationalbibliothek verzeichnet diese Publikation in der Deutschen Nationalbibliografie; detaillierte bibliografische Daten sind im Internet über http://dnb.d-nb.de abrufbar.

Impressum:

Copyright © Science Factory 2020

Ein Imprint der GRIN Publishing GmbH, München

Druck und Bindung: Books on Demand GmbH, Norderstedt, Germany

Covergestaltung: GRIN Publishing GmbH

Abstract

Im Rahmen dieser Arbeit wird zum einen dargestellt, welchen Einfluss Servant Leadership auf die Effektivität eines agilen Teams hat und zum anderen wodurch sich dieser Einfluss begründet. Aus der Literatur geht hervor, dass Servant Leadership eine stark personenorientierte Art der Führung ist, die sich positiv auf die Entwicklung eines agilen Teams auswirkt. Andere Führungsstile sind im Vergleich zu Servant Leadership stark Ziele orientiert. Servant Leadership fokussiert hingegen die Geführten Personen. Begründet wird der Einfluss durch die Überlegung, dass je höher agile Teams entwickelt sind umso höher ist ihre Effektivität. Dieser theoretisch postulierte Zusammenhang wurde im Rahmen einer quantitativen Untersuchung empirisch überprüft. Insgesamt wurden sieben Hypothesen auf einen Zusammenhang hin untersucht. Anhand der Berechnung der Korrelationskoeffizienten konnte gezeigt werden, dass alle Zusammenhangshypothesen einen mittleren bis hohen Zusammenhang aufweisen. Der Korrelationskoeffizient für den Zusammenhang zwischen Servant Leadership und der Effektivität eines agilen Teams liegt bei $r_s = .53$ ($p < .000$) und für den Zusammenhang zwischen der Entwicklung eines agilen Teams und der Effektivität eines agilen Teams bei $r_s = .69$ ($p < .000$). Der anschließend durchgeführte Signifikanztest ergab, dass alle sieben Nullhypothesen zugunsten der Alternativhypothesen verworfen wurden. Somit konnten die theoretisch begründeten Zusammenhänge zwischen Servant Leadership, der Entwicklung eines agilen Teams und der Effektivität eines agilen Teams empirisch belegt werden.

Inhalt

Abstract III

Tabellenverzeichnis V

Abbildungsverzeichnis VI

Abkürzungsverzeichnis VII

1 Einleitung 1

2 Theoriebezug 2
    2.1 Servant Leadership 2
    2.2 Teams 11

3 Methodik 24
    3.1 Forschungsfrage und Hypothesen 24
    3.2 Untersuchungsdesign 26

4 Ergebnisse 38

5 Diskussion 44
    5.1 Interpretation der Ergebnisse 44
    5.2 Kritik 49

Literaturverzeichnis 54

Anhang 1 59

Anhang 2 61

Tabellenverzeichnis

Tabelle 1 Abgrenzung Servant Leadership zu weiteren Führungstheorien 10

Tabelle 2 Zusammenhang der Charakteristiken von Teameffektivität, Teamentwicklung und Merkmale eines Teams 23

Tabelle 3 Test auf Normalverteilung Shapiro Wilk Test, Schiefe und Kurtosis 39

Tabelle 4 Ergebnisse der Spearman Korrelation zwischen den Variablen SLS, FAT, FAT_ZH, FAT_VÜ, FAT_ZO, FAT_ABW 40

Tabelle 5 Regressionanalyse SLS und FAT 40

Tabelle 6 Regressionanalyse SLS und FAT_ZH 40

Tabelle 7 Regressionanalyse SLS und FAT_VÜ 41

Tabelle 8 Regressionanalyse SLS und FAT_ZO 41

Tabelle 9 Regressionanalyse SLS und FAT_ABW 42

Tabelle 10 Regressionanalyse FAT und TEQ 42

Tabelle 11 Regressionanalyse SLS und TEQ 42

Tabelle 12 Reliabilität der Erhebungsinstrumente Fragebogen zur Arbeit im Team, Servant Leadership Survey und Team Excellence Questionnaire 43

Abbildungsverzeichnis

Abbildung 1: Servant Leadership Modell 5
Abbildung 2: Strukturebenen Modell nach Mathieu et al. 13
Abbildung 3: Input-Prozess-Outcome-Modell zur Teameffektivität 19
Abbildung 4: Untersuchungsgegenstand 26
Abbildung 5: Dotplots der Variablen FAT_VÜ, FAT_ABW, FAT_ZH, FAT_ZO 38
Abbildung 6: Dotplots der Variablen FAT, TEQ, SLS 38

Abkürzungsverzeichnis

CTLQ	Collaboration Team Leader Questionnaire
ENG	einheitliches Engagement
F-A-T	Fragebogen zur Arbeit im Team
FAT	Entwicklung eines Teams
FAT_ABW	Aufgabenbewältigung
FAT_VÜ	Verantwortungsübernahme
FAT_ZH	Zusammenhalt
FAT_ZO	Zielorientierung
IMO	Input-Mediator-Outcomes
IPO	Input-Process-Outcomes
KOM	Kompetenzen Team Mitglieder
LEI	standardmäßige Spitzenleistung
OLA	Organizational Leadership Assesment
SL	Servant Leadership
SLAI	Servant Leadership Assesment Instrument
SLS	Servant Leadership Survey
STR	Ergebnis getriebene Struktur
SUP	Externer Support und Anerkennung
TEQ	Team Effectiveness Questionnaire
VUCA	volatile, uncertain, complex, ambiguous
ZAB	Zusammenarbeitsklima
ZIEL	klares, erhebendes Ziel

1 Einleitung

Unternehmen sind heutzutage verstärkt den Einflüssen einer VUCA Umwelt (Weinreich, 2016) ausgesetzt. VUCA setzte sich aus den englischen Worten: a) volatile, (b) uncertain, (c) complex und (d) ambiguous zusammen und beschreibt eine Umwelt und Situation, die volatil, unsicher, komplex und mehrdeutig ist. Um als Unternehmen in dieser Umwelt erfolgreich zu sein, braucht es eine Organisation, die auf Einflüsse aus einer derartigen Umwelt reagiert, diese aber auch beeinflussen kann (Weinreich, 2016). Etwaige Eigenschaften finden sich in agilen Organisationen (Förster & Wendler, 2012). Das Kernstück solch einer Organisation bilden agile Teams und die in ihnen organisierten Individuen. Sie arbeiten selbstorganisiert und autonom an den ihnen übertragenen Aufgaben (Förster & Wendler, 2012). Der Führungskraft wird in agilen Organisationen eine moderierende Rolle zugeschrieben. Ihr obliegt die Aufgabe, das Team weiter zu entwickeln und für das Funktionieren des Teams zu sorgen. Mit klassischen Führungsmethoden werden hingegen überwiegend persönliche und oder organisationale Ziele verfolgt, zu dessen Erreichung das Team als Mittel zum Zweck dient. In agilen Organisationen trifft jedoch nicht mehr die Führungskraft die Entscheidungen, sondern das Team (Weinreich, 2016). Greenleaf publizierte bereits 1970 einen Aufsatz „Servant as Leader" in dem von eben jener Art des Führens gesprochen wird. Die Person, die führt ist in erster Linie Diener und in zweiter Linie führt sie (Weibler, 2016). Es handelt sich dabei nicht nur um einen Führungsstil sondern vielmehr um eine Lebenseinstellung. Die Führungskraft unterstützt ihre Mitarbeiter in allen Anliegen und trägt so zum Erfolg jedes einzelnen bei. Es wird vermutet, dass dieser Umstand zu einer starken Teamentwicklung beiträgt und somit das Team effektiver wird. Ob Servant Leadership eine positive Auswirkung auf die Effektivität agiler Teams hat, wird in dieser Arbeit untersucht. Zu Beginn dieser Untersuchung wird anhand der aktuellen Literatur die Theorie zu Servant Leadership erörtert (1.1). Dem schließt sich der aktuelle Forschungsstand zu Teams an (1.2), der wiederum die Punkte agile Teams (1.2.2) und die Effektivität von Teams (1.2.3) miteinschließt. Der zweite Teil dieser Arbeit beschreibt die verwendete Methode (2), die für die quantitativ empirische Untersuchung von sieben Zusammenhangshypothesen angewendet wurde. Unter anderem wird in diesem Kapitel auch die Zusammensetzung der gezogenen Stichprobe beschrieben (2.3). Darauf folgt die Darstellung der Ergebnisse der Studie, welche statistisch ausgewertet und auf ihre Signifikanz hin getestet wurden (3). Der letzte Abschnitt beinhaltet die Diskussion der Ergebnisse sowie die Kritik an dieser Arbeit (4).

2 Theoriebezug

2.1 Servant Leadership

Das heute als Führungstheorie geltende Servant Leadership wird von dessen Begründer Robert K. Greenleaf als Philosophie des Servant Leaders verstanden. Der ehemalige Mitarbeiter der American Telephone and Telegraph Company widmete sich jahrelang der Führungskräfteentwicklung des Konzerns. 1964 ging er frühzeitig in Rente um als Consultant, Lehrer und Autor zu arbeiten. In seinem zweiten Lebensabschnitt widmete er sich ausschließlich der Servant Leader Philosophie. Seine Theorie veröffentlichte er erstmalig 1970 in dem Aufsatz „The Servant as Leader". Sieben Jahre später, 1977, publizierte er das Buch *„Servant Leadership — A Journey into the Nature of Legitimate Power and Greatness".* In diesem Buch beschreibt Greenleaf eine Art der Führung, die es versteht, nicht rein durch Macht zu führen sondern das Wohl derer die geführt werden vor jegliche andere Ziele zu stellen. „The servant-leader is servant first" (Greenleaf, 1970, S. 6) bedeutet, dass derjenige der führt, in erster Linie Diener ist und in zweiter Linie führt. Oder anders formuliert, Menschen zu führen bedeutet, ihnen zu dienen. Die Person, die als Servant Leader führt ist ein Diener derjenigen, die ihm folgen. Dabei legitimiert sich ein Servant Leader dadurch, dass diejenigen die ihm folgen, ihn zu demjenigen machen der führt (Greenleaf, 1977). Als führende Persönlichkeit zu dienen wird von Greenleaf als Lebenshaltung verstanden. Das Wort Diener steht in diesem Kontext nicht für die Leistungsfunktion, wie beispielsweise die Funktion des Dieners als Butler, sondern für die Lebenseinstellung der Person, die als Führungskraft fungiert (Weibler, 2016). Servant Leader benutzen nicht ihre Macht, so dass Aufgaben erledigt werden, sondern sie versuchen ihre Mitarbeiter von dem Ziel der Notwendigkeit und dem Nutzen dieser Aufgabe zu überzeugen (Van Dierendonck & Nuijten, 2011). Sie führen auch in schweren Zeiten durch wertebasierte Visionen. Es ist das natürliche Bedürfnis eines Servant Leaders, das volle Potenzial aus jedem einzelnen seiner Mitarbeiter heraus zu holen (Greenleaf, 1977).

Mahembe und Engelbrecht (2014) beschreiben, dass Servant Leader ihre Mitarbeiter im direkten Austausch kennenlernen und so die Wünsche, Bedürfnisse und Stärken herausfinden. Dadurch sind Servant Leader in der Lage, ihre Mitarbeiter dabei zu unterstützen, das Bestmögliche aus sich selbst heraus zu holen. Servant Leadership äußert sich demnach in der Zielsetzung und dem Verhalten der Führungskraft. Diese Art der Führung hat in der Psychologie und Philosophie eine große Beliebtheit und Entwicklung erlebt. Unzählige Publikationen wurden in den letzten Jahrzehnten zu Servant Leadership veröffentlicht (Laub, 1999; Dennis & Bocarnea, 2005; Irving, 2005; Van Dierendonck & Nuijten, 2011; Mahembe & Engelbrecht, 2014). Trotz der Vielzahl an Forschungsarbeiten und Studien zu Servant Leadership gibt es heute noch keine Einigkeit darüber, wie Servant Leadership zu definieren ist. Greenleaf selbst blieb eine Definition von Servant Leadership schuldig. Daher geht vielen Untersuchungen eine eigene Definition voraus. Eine mögliche, und im Rahmen dieser Studie durchaus passende Definition, stammt von Laub (1999). Ihm zufolge ist Servant Leadership ein Verständnis und eine Praxis von Führung, die das Wohl derer die geführt werden, über das des Führenden stellt.

Als erster Forscher formulierte Spears (1998) zehn Eigenschaften von Servant Leadership, die er aus Greenleafs Theorie ableitete. Diese sind, (a) anderen aktiv zuzuhören, (b) anderen gegenüber empathisch zu sein, (c) sich selbst und die Beziehung zu anderen zu heilen, (d) sich seiner Umwelt und sich selbst bewusst zu sein, (e) Überzeugungskraft zu besitzen, (f) Visionen zu konzeptualisieren, (g) vorausschauend zu sein, (h) treuhänderische Verantwortung zu übernehmen, (i) Engagement zur Weiterentwicklung der Geführten zu zeigen und (j) eine Gemeinschaft aufzubauen. Eine Weiterentwicklung der Charakteristika zu einem Ehrhebungsinstrument von Servant Leadership nahm Spears bis heute nicht vor. Dennoch verhalf er mit seiner Arbeit der Wissenschaft zu einem besseren Verständnis von Servant Leadership und legte damit den Grundstein für zukünftige empirische Untersuchungen.

Zwei der von Spears entwickelten Attribute finden sich in Laubs Dimensionen wieder. Hierbei handelt es sich um (a) das Engagement zur Weiterentwicklung der Geführten und (b) dem Aufbau einer Gemeinschaft. Laub führte eine quantitative Studie durch, anhand derer er 60 Charakteristiken von Servant Leadership identifizierte. Diese konnte er den sechs Bereichen (a) Wertschätzung der Menschen, (b) Weiterentwicklung der Menschen, (c) Gemeinschaften schaffen, (d) Glaubwürdigkeit wiederspiegeln, (e) Unterstützung durch Führung und (f) Teilung von Führung zuweisen. Eine weitere Variante der Charakterisierung von Servant Leadership stammt von Dennis und Bocarnea (2005). Ihr Modell baut auf das theoretische Konstrukt von Patterson (2003) auf. Er operationalisiert Servant Leadership mit den Dimensionen (a) Agapao Love (lieben auf soziale, moralische Art (Winstons, 2002)), (b) Bescheidenheit, (c) Altruismus, (d) Vision, (e) Vertrauen, (f) Befähigung und (g) Einsatz. Dennis und Bocarnea (2005) griffen fünf dieser Eigenschaften auf. Diese sind (a) Liebe, (b) Befähigung, (c) Vision, (d) Bescheidenheit und (e) Vertrauen. Das derzeit aktuellste Modell stammt von Van Dierendonck und wurde

2011 publiziert. Er analysierte die bisherigen Konzepte zu Servant Leadership und kam zu dem Schluss, dass sechs Charakteristiken Ordnung in die Vielzahl der Konzepte bringen „[...] one can distinguish six key characteristics of servant leader behavior that bring order to the conceptual plurality" (Van Dierendonck, 2011, S. 1232). Sein Modell ist in Abbildung 1 dargestellt. Der mittlere Kasten „Servant Leadership Characteristics" enthält die sechs Charakteristiken, welche Servant Leadership beschreiben.

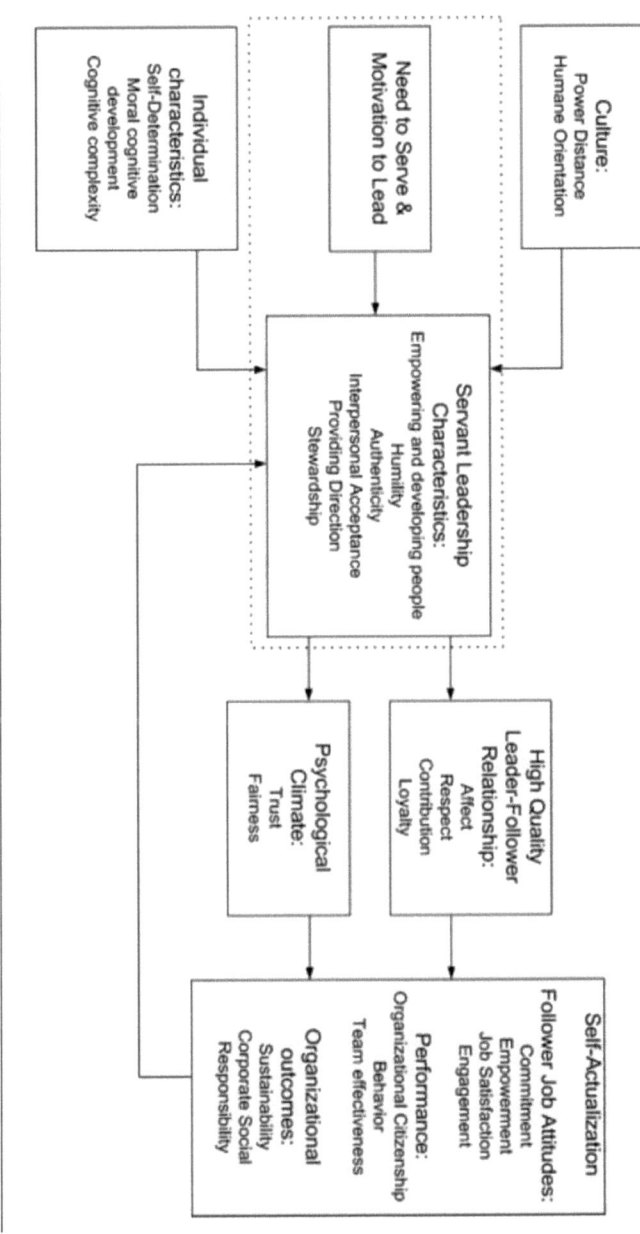

Abbildung 1: Servant Leadership Modell
(Van Dierendonck, 2011, S. 1233)

Empowering and developing people, übersetzt: die Befähigung und Entwicklung von Personen, steht in diesem Modell für ein Motivationskonzept, welches die Befähigung der Mitarbeiter fokussiert (Conger, 2000). Befähigung soll ein pro aktives und selbstsicheres Verhalten der Mitarbeiter fördern. Dies beinhaltet Aspekte wie, Entscheidungen selbständig zu treffen und Informationen zu teilen (Konczak, Stelly, & Trusty, 2000).

Humility, übersetzt: Bescheidenheit, beinhaltet die Fähigkeit seine eigenen Leistungen und Stärken im richtigen Licht darzustellen (Patterson, 2003). Bescheidenheit steht dafür, dass die Interessen anderer, die Unterstützung zur Verbesserung der Performance sowie das Leisten von Support immer vor den eigenen Interessen stehen. Des Weiteren schließt sie ein Gespür für die Übernahme von Verantwortung, für die Personen, die für den Führenden tätig sind, mit ein (Greenleaf, 1996).

Authenticity, übersetzt: Authentizität, beschreibt, mit sich selbst ehrlich zu sein, den inneren Zustand, die eigenen Absichten und Zusagen, sowohl für sich selbst als auch für das Umfeld, richtig darzustellen (Peterson & Seligman, 2004). Ein Servant Leader hat unterschiedliche Möglichkeiten dies zu manifestieren, wie beispielsweise Versprechen einzuhalten und ehrlich zu sein (Russell & Stone, 2002).

Interpersonal Acceptance, übersetzt: zwischenmenschliche Akzeptanz beinhaltet das Verständnis für die Herkunft sowie für die Gefühle anderer Personen (George, 2000). Für Servant Leader ist es notwendig, eine Atmosphäre des Vertrauens zu schaffen in der die Menschen Fehler machen dürfen, sich akzeptiert fühlen und in der sie nicht abgewiesen werden (Ferch, 2003).

Providing direction, übersetzt: den Weg weisen, bedeutet sicher zu stellen, dass die Menschen wissen, was von ihnen erwartet wird. Davon profitieren sowohl die Personen selbst als auch die Organisation (Laub, 1999).

Stewardship, übersetzt: Leitung, beschreibt den Willen, Verantwortung für die Institution zu übernehmen und dies durch dienen anstelle von Kontrolle und Eigeninteresse zu tun (Block, 1993). Führungspersönlichkeiten sollten nicht nur als Manager sondern auch als Vorbild fungieren. Mit den richtigen Beispielen können Führungskräfte andere dazu motivieren, es ihnen gleich zu tun. Leitung ist stark verwandt mit sozialer Verantwortung, Loyalität und Zusammenarbeit (Van Dierendonck, 2011).

Anders als bisherige Modelle fokussiert beschriebenes Modell nicht ausschließlich die „People Side" sondern auch die „Leader Side" (Van Dierendonck & Nuijten, 2011, S. 251) von Servant Leadership. Zur People Side zählen unter anderem (a) helfen, (b) dienen, (c) empathisch sein und (d) sich ethisch korrekt verhalten. Während die Leader Side durch Eigenschaften wie Courage oder Verlässlichkeit gekennzeichnet ist. Van Dierendoncks Forschung mündet in einem Modell von Servant Leadership, welches sowohl auf vorangegangener Forschung aufbaut als auch neue Aspekte von Servant Leadership aufzeigt. Neben der Erforschung der Servant Leadership Philosophie und Theorie, welche das Formulieren von Definitionen und bilden von Charakteristiken beinhaltet, beschäftigen sich immer mehr Forscher mit Servant Leadership im Unternehmenskontext. Im Fokus steht die Beziehung zwischen der Führungskraft als Servant Leader und den Mitarbeitern. Irving hat beispielsweise 2005 untersucht, ob es einen positiven Zusammenhang zwischen Servant Leadership und der Effektivität von Teams in einem non profit Unternehmen gibt. Mahembe und Engelbrecht führten 2014 eine vergleichbare Studie zur Effektivität von Teams und Servant Leadership im Südafrikanischen Schulsektordurch. Beide Studien konnten einen positiven Zusammenhang zwischen Servant Leadership und der Effektivität von Teams nachweisen. Welche Aspekte von Servant Leadern in Teams besonders beeinflusst wurden, zeigten sie jedoch nicht auf. Im Rahmen dieser Studie wird die Beziehung zwischen der Führungskraft als Servant Leader und der Eigenschaften agiler Teams untersucht, um besser nachvollziehen zu können, wie sich Servant Leadership auf Teams und auf die Effektivität von Teams auswirkt. Außerdem wird der Zusammenhang zwischen Servant Leadership und der Effektivität von Teams an agilen Teams untersucht, da in heutigen Unternehmen Agilität immer mehr an Bedeutung gewinnt und immer häufiger agile Methoden eingesetzt werden.

2.1.1 Abgrenzung zu weiteren Führungsstilen

Die Abgrenzung von Servant Leadership zu weiteren Führungstheorien verdeutlicht, weshalb Servant Leadership eine positive Auswirkung auf die Effektivität agiler Teams haben kann. Das Alleinstellungsmerkmal von Servant Leadership, im Vergleich zu anderen Führungstheorien ist, dass Servant Leader nicht ihre Macht verwenden damit Aufgaben erledigt werden, sondern sie versuchen ihre Mitarbeiter von dem Ziel, der Notwendigkeit und dem Nutzen dieser Aufgabe zu überzeugen (Van Dierendonck & Nuijten, 2011). Ein weiterer Unterschied liegt in der Zielsetzung. Während viele Führungsstile das Ziel haben, das Wohlergehen der Organisation für die sie tätig sind sicherzustellen, ist für einen Servant Leader das oberste Ziel seinen Anhängern zu dienen (Greenleaf, 1977). Dieses personenorientierte Verhalten sorgt für starke Beziehungen in der Organisation. Greenleaf nimmt an, dass Diener, die auserwählt werden zu führen, von ihren Mitarbeiter unterstützt werden. Dies liegt daran, dass die Führungskraft sich als Diener bereits bewiesen hat und die Mitarbeiter auf sie zählen können. Dadurch wird eine Atmosphäre geschaffen, welche die Weiterentwicklung der Mitarbeiter unterstützt, damit sie ihr volles Potenzial ausschöpfen können (Spears, 1998). Es wird vermutet, dass dieses Verhalten der Grund für den Zusammenhang zwischen Servant Leadership und der Effektivität von Teams ist.

Van Dierendonck (2011) befasste sich intensiv mit der Differenzierung zu weiteren Führungsstilen. Er stellte die Theorien zu Transformationale Führung, Authentische Führung, Ethische Führung, Level 5 Führung, Empowering Leadership, Spirituelle Führung und Aufopfernde Führung Servant Leadership gegenüber. Er wählte diese aus, da sie sich in den Charakteristiken mit Servant Leadership überschneiden. Anhand der Charakteristika zeigt er die Unterschiede sowie Ähnlichkeiten oder Überschneidungen zu anderen Führungstheorien auf. Grundsätzlich unterscheiden sich alle genannten Führungstheorien gegenüber Servant Leadership darin, dass die Erreichung persönlicher oder organisatorischer Ziele vor dem Dienen und Weiterentwickeln der Geführten steht.

Am häufigsten wird Transformationale Führung mit Servant Leadership in Verbindung gebracht, da diese Art von Führung durch die Transformation von Idealen, Werten und Zielen der Geführten erfolgt (Bass, 1985). Die Führungskraft repräsentiert die Ziele und Wünsche der Organisation und macht diese zu den Zielen der Mitarbeiter. Auch bei der Authentischen Führung projiziert die Führungskraft die Ziele, die sie vertritt auf die Mitarbeiter und macht sie damit zu deren eigenen Zielen. Die Mitarbeiter lassen sich aufgrund der Authentizität der Führungskraft führen (Avolio & Gardner, 2005). Servant Leader hingegen versuchen, von dem Nutzen eines Ziels zu überzeugen und somit die Mitarbeiter zur Mitarbeit zu begeistern. Ethische Führung basiert darauf, dass die Führungskraft Vorbild für Normen und angemessenes Verhalten in der Organisation ist. Servant Leader hingegen fördern die Entwicklung von ethischen Normen der Individuen während ethische Führung die ethischen Normen der Organisation vermitteln will (Van Dierendonck, 2011). Level 5 Führung sorgt für das Wohl der Organisation durch persönliche Bescheidenheit und professionelle Durchsetzungskraft (Collins, 2001). Das Wohl der Organisation steht auch hier über dem der Mitarbeiter. Empowering Leadership involviert die Mitarbeiter bei Entscheidungen (Pearce & Sims, 2002). Diese Form der Führung schließt keine weiteren Merkmale des Servant Leadership mit ein. Spirituelle Führung kreiert eine Vision und Kultur, die sowohl die Geführten als auch den Führenden motivieren soll (Fry & Slocum, 2008). Spirituelle Führung weist kein eindeutiges Verhalten einer Führungskraft aus. Servant Leadership hingegen äußert sich ausschließlich durch das Verhalten der Führungskraft. Aufopfernde Führung zeichnet sich durch das dauerhafte oder zeitweise Zurückstellen der eigenen Interessen (Choi & Mai-Dalton, 1999) aus. Es ist eine begrenzte und bewusste Kontrolle und Lebenshaltung.

Neben den von van Dierendonck bereits abgegrenzten Führungstheorien gibt es noch Paternalistische, Charismatische und Emotionssensible Führung, welche einer Lebenseinstellung nahekommen. In Tabelle 1 werden diese drei Theorien sowie die Abgrenzung dieser zu Servant Leadership übersichtlich dargestellt. Der Tabelle im Anhang 1 können alle aufgezählten Führungsstile und deren Abgrenzung entnommen werden.

Paternalistische Führung oder väterliche Führung äußert sich durch starke Autorität, die mit Anteilnahme und Rücksicht auf die Geführten gepaart ist (Westwood & Chan, 1992). Servant Leader führen jedoch durch Überzeugung der Geführten und nicht durch Autorität. Charismatische Führung basiert auf einer Beziehung zwischen demjenigen der führt und denjenigen die geführt werden und deren Fundament Charisma ist (Klein & House, 1995). Die Führungspersönlichkeit kann unterschiedliche Interessen vertreten. Emotionssensible Führung bedeutet, Emotionen von sich und den Geführten zu erfassen und angemessen darauf zu reagieren sowie damit umgehen zu können (Weibler, 2016). Emotionen zu erkennen und angemessen darauf zu reagieren, fokussiert nicht die Beziehung zwischen Servant Leader und Mitarbeiter.

Theorie	Kernaussage	Abgrenzung zu SL
Paternalistische Führung oder väterliche Führung	Starke Autorität wird mit Anteilnahme und Rücksicht für die Geführten verbunden. (Westwood & Chan, 1992)	Servant Leader führen durch Überzeugung, nicht durch Autorität.
Charismatische Führung	Die Beziehung von Führer und den Geführten beruht auf Charisma. (Klein & House, 1995)	Die Führungspersönlichkeit kann unterschiedliche Interessen vertreten. Die der Geführten sind nicht Priorität.
Emotionssensible Führung	Emotionen von sich und Geführten erfassen und angemessen darauf reagieren sowie damit umgehen. (Weibler, 2016)	Emotionen zu erkennen und angemessen darauf zu reagieren, fokussiert nicht die Beziehung zwischen Führungskraft und Mitarbeiter

Tabelle 1 Abgrenzung Servant Leadership zu weiteren Führungstheorien

Die Abgrenzung zu den weiteren Führungstheorien macht deutlich, dass die Art der Beziehung zwischen Servant Leadern und den Personen, die sie führen, einmalig ist. Welche Eigenschaften von Servant Leadership nun genau Einfluss auf ein Team haben und wie sich dies auf die Effektivität von agilen Teams auswirkt, soll im Rahmen dieser Studie aufgezeigt werden.

2.1.2 Operationalisierung von Servant Leadership

In den vergangen Jahrzenten wurden bereits einige Instrumente entwickelt, die Servant Leadership anhand unterschiedlicher Charakteristiken erfassen. Das erste Instrument zur Erfassung von Servant Leadership präsentierte Laub 1999. Das Organizational Leadership Assessment (OLA) zur Erfassung von Servant Leadership auf Ebene der Organisation basiert auf den sechs Bereichen und 60 Charakteristiken von Servant Leadership, die Laub (1999) im Rahmen einer quantitativen Studie konzeptioniert hat. Die Überprüfung der Reliabilität durch Laub führte zu einem Cronbachs Alpha von .98. Der hohe Wert des Cronbachs Alpha sorgt dafür, dass der OLA Fragebogen häufig zur Operationalisierung von Servant Leadership verwendet wird. Irving verwendete diesen Fragebogen 2005 als er den Zusammenhang zwischen Servant Leadership und der Effektivität eines Teams auf organisatorischer Ebene untersuchte. Da sich diese Studie ausschließlich mit der Ebene der Führungskraft in Verbindung mit Teams beschäftigt, kann OLA nicht verwendet werden. Auf der Ebene des Individuums verwendet Irving (2005) das Servant Leadership Assessment Instrument (SLAI) von Dennis und Bocarnea (2005). Der SLAI ist jedoch ebenfalls nicht geeignet, da er die „Leader Side" (Van Dierendonck & Nuijten, 2011, S. 251) nicht mit erfasst.

Weitere Instrumente zur Erfassung von Servant Leadership weisen ähnliche Problemstellungen auf. Häufig konnten die Instrumente einer Validierung nicht standhalten oder basieren immer stark auf der People Side (Van Dierendonck, 2011). Block (2005) und Van Dierendonck (2011) kritisieren den Umstand, dass aufgrund der Vielzahl an Modellen und Definition eine Vergleichbarkeit von Servant Leadership derzeit nicht möglich ist. Die Gemeinsamkeit der einzelnen Studien beruht ausschließlich darauf, dass die meisten Modelle und Definitionen ihren Ursprung in Greenleafs Originalwerk „Servant Leadership" von 1977 haben (Spears, 1998; Laub, 1999; Dennis & Bocarnea, 2005; Van Dierendonck & Nuijten, 2011).

2011 publizierten Van Dierendonck und Nuijten den Servant Leadership Survey (SLS). Der SLS enthält alle Dimensionen des Models von Van Dierendonck und wurde bereits in drei Studien, elf Ländern und elf verschiedenen Sprachen (Van Dierendonck, Sousa, Gunnarsdóttir, Bobbio, Hakanen, Verdorfer, Duyan & Rodriguez-Carvajal, 2017; Rodriguez-Carvajal, de Rivas, Herrero, Moreno-Jimenez & Van Dierendonck, 2014) hinweg validiert. Da dieses Instrument die Facetten von Servant Leadership erfasst und eine hohe Validität aufweist, wird er im Rahmen dieser Studie verwendet.

2.2 Teams

2.2.1 Definition und Merkmale eines Teams

Kozlowski und Ilgen haben sich der Forschung zu Teams und Teameffektivität verschrieben. Sie gehen davon aus, dass zukünftig die Arbeit in Unternehmen fast ausschließlich von Teams übernommen wird. "Teams of people working together for a common cause touch all our lives [...] teams are the center of how work gets done in modern life." (Kozlowski & Ilgen, 2006, S. 78). Dies kommt daher, dass Unternehmen aufgrund von Wettbewerbsdruck und dem stetigen Wandel der Umwelt nach mehr Effizienz streben (Sharpe, Hides, Bamber & Castka, 2000). Durch die Verteilung der Arbeit auf Teams soll die Effizienz in Unternehmen gesteigert werden. Die Wissenschaft hat bereits viel über den Zusammenhang von Effizienzsteigerung und Teamarbeit geforscht. Da das Gebiet jedoch sehr komplex ist, werden immer wieder neue Felder entdeckt, die noch gar nicht oder nicht ausreichend erforscht wurden. Einer dieser Bereiche im Kontext von Unternehmen und Teams ist die Agilität. Der Begriff der Agilität wird seit Beginn der neunziger Jahre in vielen Disziplinen, jedoch häufig in der Betriebswirtschaft oder Arbeits- und Organisationspsychologie, diskutiert. Unternehmen standen zu der Zeit vor großen Herausforderungen, allen voran der Digitalisierung. Um diese zu bewältigen, wurde damals und wird auch heute noch geraten, die Agilität eines Unternehmens zu steigern (Förster & Wendler, 2012). Im Rahmen dieser Forschungsarbeit wird Agilität als offensives Verhalten, welches Veränderungen anstößt und vorantreibt (Termer, 2016), verstanden. Um Agilität zu erreichen, sollte ein Unternehmen nach Effizienz streben (Förster & Wendler, 2012). Im Kleinen kann dies durch die Steigerung der Effektivität von Teams gelingen (Kozlowski & Bell, 2003). Um jedoch zu verstehen, wie die Effektivität von Teams gesteigert werden kann, wird zunächst das Team als solches betrachtet.

Eine allgemein gültige Definition eines Teams gibt es nicht, jedoch wird in der Literatur im Unternehmenskontext häufig auf die Merkmale eines Teams von Kozlowski und Bell (2003) verwiesen. Sie beschreiben, dass ein Team aus mehreren Individuen besteht, welche ein gemeinsames Ziel verfolgen und über einen undefinierten Zeitraum hinweg Stabilität aufweisen. Diese Personen haben dieselben Werte und handeln nach denselben Normen. Dadurch entwickeln sie eine gemeinsame Identität. Außerdem zeigen sie klare Grenzen nach außen, differenzieren sich in unterschiedlichen Rollen und weisen eine eigene Struktur auf. Becker (2016, S. 7) definiert Teams als „eine künstlich geschaffene Gruppe mit dem Ziel, eine Aufgabe zu lösen". Diese Definition umfasst deutlich weniger Merkmale, ähnelt im Kern jedoch der von Kozlowski und Bell. Grundsätzlich kann erst von einem Team gesprochen werden, wenn mindestens drei Personen zusammenarbeiten. Ab dieser Größe ändern sich die Prozesse und Leistungsmöglichkeiten im Vergleich zu einem Einzelarbeitsplatz. Es bilden sich unterschiedliche Rollen heraus, um Einzelaktivitäten zu koordinieren die auf ein gemeinsames Ziel ausgerichtet sind (Weibler, 2016). Daraus leitet sich ab, dass Teams miteinander kommunizieren und stetig miteinander interagieren müssen. Diese Prozesse werden durch unterschiedliche Faktoren beeinflusst. Becker beschreibt, dass Teams in Unternehmen immer in einen Kontext eingebunden sind. In Abbildung 2 wird dies verdeutlicht. Individuen sind in Teams, Teams sind im Unternehmen und die Unternehmen sind durch die Umwelt organisiert (Mathieu, Maynard, Rapp & Gilson, 2008).

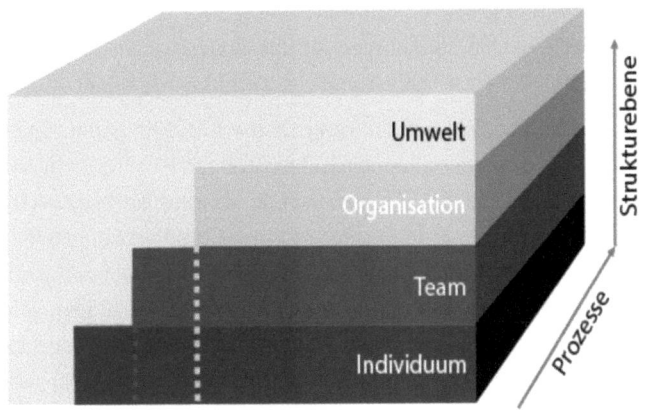

Abbildung 2: Strukturebenen Modell nach Mathieu et al.
(Becker, 2016, S. 16)

Um in diesem Kontext eine gute Teamleistung zu erbringen, muss dem Team das Ziel auf welches es hinarbeitet, klar sein (Becker, 2016). Üblicherweise gibt die Organisation in Form von Führung dieses Ziel vor. Die Umwelt hingegen determiniert das Team nur indirekt, in dem sie die Ziele für ein Team mitgestaltet. Neben dem Umfeld und dem Ziel gehört auch die Zusammenstellung eines Teams zu den Faktoren die eine gute Teamleistung bestimmen. Bei der Zusammenstellung eines Teams sollte darauf geachtet werden, dass die Eigenschaften eines Teams auf das Ziel ausgerichtet sind. Hierzu zählt die Anzahl an Personen aus denen das Team zusammengesetzt wird, demographische Merkmale der Teammitglieder wie etwa Geschlecht, Alter, kulturelle Herkunft, Dauer der Betriebszugehörigkeit, Fähigkeiten und Kompetenzen sowie die Persönlichkeitsstruktur der einzelnen Teammitglieder (Becker, 2016). Nicht immer ist es für Führungskräfte in Unternehmen möglich alle diese Aspekte zu beeinflussen. Es kann sein, dass die Führungskraft bereits einem existierenden Team vorgesetzt ist oder dass durch eine Umorganisation Mitarbeiter einem bereits existierendem Team und der Führungskraft zugewiesen werden. Dies kann die Leistung eines Teams stark beeinflussen, da möglicherweise nicht alle Eigenschaften zur Zielerreichung zur Verfügung stehen. In jedem Fall wird deutlich, dass die Führung von Teams eine wichtige Rolle einnimmt. In der Forschung zu Führung von Teams wurde bereits häufig die Fragestellung debattiert, weshalb Führung von Teams notwendig ist. Die Notwendigkeit leitet sich daraus ab, dass für ein Team Aufgaben bestimmt werden müssen, welche üblicherweise aus einem größeren Zusammenhang resultieren. Zudem sind die Teammitglieder auszuwählen, Ressourcen für das Team zu sichern und es bedarf einer übergeordneten Stelle zur Schlichtung von Konflikten (Weibler, 2016).

Ein negatives Beispiel für fehlende Führung ist die Entstehung von Groupthink (Janis, 1982). Das Phänomen des Gruppendenkens lässt sich häufig dann erkennen, wenn das Streben nach Harmonie in der Gruppe als sehr hoch bewertet wird. Dadurch könnten die dominierenden Personen einer Gruppe Lösungen unterbreiten, die von den einzelnen Gruppenmitgliedern nicht mehr hinterfragt werden und somit auch nicht abgelehnt würden, sollten es keine guten Lösungen sein. Janis sieht es als Aufgabe der Führung Gruppendenken zu erkennen und dagegen zu intervenieren. Er entwickelte Interventionsmaßnahmen, welche die Führungskraft ergreifen kann sofern sie sich diesem Problem gegenüber sieht. Zu diesen Maßnahmen zählen (a) Aufklärung über die Gefahren, (b) die Führungskraft soll ihre Präferenzen zurück halten, (c) die Äußerung von freier Meinung und Bedenken im Team unterstützen und (d) außenstehende Experten hinzuziehen, die ihre Meinung zu bestimmten Themen mit einbringen. Es ist jedoch zu berücksichtigen, dass, nur weil Führung eine Notwendigkeit ist, sie sich dadurch nicht gleichzeitig legitimiert. Geführte müssen die Führungskraft akzeptieren und die Führungskraft muss ihre Rolle akzeptieren. Ist dies nicht der Fall, wird sich kein Führungserfolg einstellen und die Gruppe wird die Führung ablehnen (Weibler, 2016). Da Servant Leader von den Personen die sie führen zu Führungskräften gemacht werden, ist die Legitimation eines Servant Leaders unumstritten. Dieser Umstand kann zu einer starken Bindung zwischen den Teammitgliedern und deren Führungskräften führen und lässt darauf schließen, dass Servant Leader einen starken Einfluss auf die Entwicklung eines agilen Teams und somit auf dessen Effektivität haben.

2.2.2 Agile Teams

In der Arbeits- und Organisationspsychologie wird zwischen diversen Arten von Teams unterschieden. Es gibt zum Beispiel High Performance Teams, virtuelle Teams oder Projektteams. Im Zusammenhang mit Agilität wird vermehrt von agilen Teams gesprochen (Weinreich, 2016). Im Unternehmenskontext wird der Begriff Agilität häufig als Synonym für Flexibilität verstanden. Termer (2016) greift dies auf und erläutert die Unterschiede der beiden Konstrukte. Ihm zufolge ist Flexibilität ein defensives Verhalten. Es wird auf Veränderungen reagiert, jedoch werden diese dadurch nicht initiiert. Agilität hingegen beschreibt er als offensives Verhalten, welches Veränderungen anstößt und diese vorantreibt. Auf den

Unternehmenskontext bezogen bedeutet das, ein flexibles Unternehmen kann auf Veränderungen reagieren, während ein agiles Unternehmen die Veränderung aus seiner Organisation heraus auslöst und antreibt (Termer, 2016). Um Veränderungen auszulösen muss es Strukturen geben die dies zulassen und fördern (Weinreich, 2016). Strukturen allein reichen jedoch nicht aus, die eigentlichen Ideenträger und Initiatoren sind die Mitarbeiter der Organisation. Die organisationale Agilität (Förster & Wendler, 2012) betrifft somit nicht nur Strukturen in einem Unternehmen sondern jedes einzelne Individuum in der Organisation. Die Ideen für Veränderungen kommen schlussendlich aus den Köpfen der Menschen die Teil der Organisation sind. Aufgabe der Organisation ist es, Mittel und Wege zur Verfügung zu stellen, um die Ideenfindung zu unterstützen und strukturiert zu einem Output zu bringen (Weinreich, 2016). Dies soll durch unterschiedliche Rahmenbedingungen und Methoden gelingen.

Eine dieser Rahmenbedingungen für organisationale Agilität sind selbstorganisierte Teamstrukturen mit dezentraler Entscheidungsfindung (Förster & Wendler, 2012). Selbstorganisierte Teams sind kleine autonome Einheiten, die mehrfach qualifizierte Mitarbeiter miteinander verbinden. Die Mitarbeiter können dadurch unterschiedliche Rollen in ihrem Team einnehmen. Außerdem haben Kommunikation, Flexibilität und flache Hierarchien einen hohen Stellenwert in diesen Teams. Durch die gegebene Autonomie innerhalb der Organisation übernehmen selbstorganisierte Teams langfristig mehr Verantwortung und erhalten dadurch mehr Entscheidungsfreiheit, um ihr Ziel zu erreichen (Förster & Wendler, 2012). In diesem Kontext nimmt die Rolle der Führungskraft einen anderen Stellenwert ein. Führung verändert sich stark hin zu einer lateralen Führung (Weinreich, 2016). Als Laterale Führung wird das Führen ohne disziplinarische Verantwortung, als Teil der informellen Führung (Weibler, 2016) verstanden. Für agile Teams bedeutet dies, dass Eingriffe in das Handeln des Teams nur selten und wohl überlegt erfolgen sollten.

In agilen Methoden wie dem Scrum Framework (Schwaber & Sutherland, 2001) wird gänzlich auf die disziplinarische organisatorische Führungskraft verzichtet. Entscheidungen werden ausschließlich durch das selbstorganisierte Team getroffen und umgesetzt. Lediglich das Ziel, auf welches das Team hinarbeitet, wird durch die Organisation vorgegeben (Schwaber & Sutherland, 2001). Diese Freiheit ermöglicht es neue Ideen zu entwickeln und auszuprobieren. Zu Entscheidungen kommen die Teammitglieder in Scrum durch unterschiedliche Rahmenbedingungen. Die wichtigste Entscheidungsgrundlage bilden die vier Werte und zwölf Prinzipen des Agilen Manifestos (Beck, Beedle, Bennekum, Cockburn, Cunningham,

Fowler, Grenning, Highsmith, Hunt, Jeffries, Kern, Marick, Martin, Mellor, Schwaber, Sutherland & Thomas, 2001, S.1). Die vier Werte sind:

- die Einzelperson und Interaktion vor Prozessen und Tools
- Funktionierende Software vor allumfassender Dokumentation
- Zusammenarbeit vor Vertragsverhandlungen
- das Reagieren auf Veränderung vor der Verfolgung eines Plans

Da sowohl Scrum als auch das Agile Manifesto ihren Ursprung in der Software Entwicklung haben, sind die Werte, Prinzipien und Vorgehensweisen dementsprechend ausgelegt. Diese können aber auch in anderen Unternehmensbereichen eingesetzt werden, wie beispielsweise der Produktentwicklung. Entscheidend ist, dass Teamarbeit in der agilen Methoden einen hohen Stellenwert hat und die Verantwortung der Führungskraft sowie ihre Rolle eine andere Sichtweise erhält. Es zeigt, dass eine Agile Organisation im Gegensatz zu einer rein hierarchischen Aufbauorganisation ganz neue Wege zu gehen scheint, um proaktiv Veränderungen voranzutreiben und zu initiieren. Als agiles Team kann somit ein Team verstanden werden, das in einer agilen Organisation angesiedelt ist und die Wertevorstellung dieser Organisation teilt.

Bisher gibt es wenige Studien, die klassische Modelle der Organisationspsychologie in agilen Organisationsformen untersuchen. Es ist auch wenig empirisch untersucht worden, wie sich Führung in agilen Organisationen gestaltet und verändert. Im Rahmen dieser Untersuchung soll daher die Fragestellung untersucht werden, welchen Einfluss Servant Leadership auf die Effektivität agiler Teams hat.

2.2.3 Effektivität von Teams

Unter der Effektivität von Teams wird die Leistungsfähigkeit eines Teams verstanden (Mathieu et al., 2008). Dabei gibt es unterschiedliche Faktoren und Einflüsse, die eine hohe Leistungsfähigkeit begünstigen oder diese unterbinden. Nachstehend sollen die bekanntesten Konstellationen diskutiert und dargestellt werden. Außerdem soll aufgezeigt werden, welchen Einfluss Servant Leadership auf die Effektivität eines agilen Teams haben kann.

Becker (2016) sieht nachfolgende Kriterien als entscheidend für eine effektive Teamarbeit: (a) die optimale Größe eines Teams, (b) die demografische Zusammensetzung, (c) Kompetenzen für Teamarbeit und (d) die Persönlichkeit von Teamplayern. Damit deckt er die allgemeinen Kriterien ab, lässt allerdings die Prozesse, die in einem Team ablaufen um eine gute Zusammenarbeit zu ermöglichen, außen vor. Jedoch sorgen erst die Transitions-, Aktions- und Interaktionsprozesse (Weibler, 2016) für eine gute Teamarbeit und machen eine Teamentwicklung möglich. Im Kontext der Effektivität von Teams heben Forscher immer mehr die Bedeutung der Teamentwicklung hervor (Kauffeld, 2001; Kozlowski & Bell, 2003; Mathieu et al., 2008). Kozlowski und Bell 2003 (S. 25) bemängeln allerdings, dass „most models of team effectiveness begin where most models of team development end". Unter Berücksichtigung dieser Aussage wird im Rahmen dieser Studie der Zusammenhang zwischen der Entwicklung eines agilen Teams und dessen Auswirkung auf die Effektivität eines agilen Teams untersucht. Es wird unterstellt, dass je weiter entwickelt ein Team ist, dessen Effektivität umso stärker ist.

Zuspruch zu dieser These findet sich in dem weit verbreiteten Phasenmodell Modell nach Tuckman (1965) zur Teamentwicklung. Tuckman konnte feststellen, dass Teams Phasen der Entwicklung durchlaufen. Die Definition eines Teams nach Becker (2016) scheint auch zu jeder Entwicklungsphasen des Tuckman Modells zu passen. Das Phasenmodell umfasst fünf Phasen, die das Team über seinen Lebenszyklus hinweg durchläuft. Die erste Phase nennt sich Forming oder auch Orientierungsphase. In dieser lernen sich die Gruppenmitglieder kennen. Die zweite Phase nennt sich Storming oder Nahkampfphase. In dieser werden Ziele und Aufgaben definiert. Die dritte Phase nennt sich Norming oder Organisationsphase. Hier werden klare Strukturen vereinbart und Spielregeln aufgesetzt. Die vierte Phase heißt Performing oder Integrationsphase. Das Team geht in die geregelte Selbstorganisation über. Die letzte Phase des Phasenmodells nach Tuckman (1965) ist Adjurning, die Loslösung der Teammitglieder voneinander. Die Aufgabe ist gelöst und das Team splittet sich wieder auf. Werden die Merkmale eines Teams von Kozlowski und Bell (2003) über das Modell gelegt, fällt auf, dass diese erst über die Phasen hinweg in Erscheinung treten. Zunächst entstehen erste Interaktionen zwischen den Mitgliedern des zusammengestellten Teams, wodurch sich die Individuen kennenlernen. Sie haben auch bereits erste Berührungspunkte mit der ihnen anvertrauten Aufgabe und leiten Ziele aus dieser Aufgabe ab. Nach und nach entstehen die Grenzen nach außen und es zeichnen sich Rollen und eine Teamstruktur ab. Das Team beginnt, eine eigene Identität auf Basis von Werten und Normen zu bilden und versetzt sich somit in die Lage über einen längeren Zeitraum hinweg stabil zusammenzuarbeiten. Dann ist das Team auf dem Höhepunkt seines Lebenszyklus angekommen. Die Merkmale von Kozlowski und Bell (2003) sollten nun gut erkennbar und messbar sein. Das Phasenmodell nach Tuckman stellt den Reifeprozess eines Teams dar, durch welchen sich ein Team zu seiner bestmöglichen Leistung hin entwickelt (Kozlowski & Ilgen, 2006). Auf Basis dieser Ausführung wird deutlich, dass ein Team erst zu einem Team werden muss und dies geschieht, indem es einen Entwicklungsprozess durchläuft.

Es wird angenommen, dass die Entwicklung eines Teams schon bei der Auswahl der Teammitglieder beginnt. Wie bereits in Kapitel 1.2.1 aufgezeigt wird, bedarf es in einem Team Eigenschaften, die auf das Ziel ausgerichtet sind (Becker, 2016). Die Führungskraft oder Organisation ist die Kraft, welche dafür zu sorgen hat, dass die Eigenschaften eines Teams auf das Ziel ausgerichtet sind. Dieser Auswahlprozess findet bereits vor der von Tuckman (1965) beschriebenen Forming Phase statt und kann entscheidend für den Erfolg des Teams sein. Nun wird auch deutlich, dass die Kriterien für eine gute Teamentwicklung unweit derer zur Effektivität eines Teams sind. Beides bedarf der richtigen Zusammenstellung der Teammitglieder anhand von Persönlichkeitseigenschaften, Anzahl, Kompetenzen und demografischen Merkmalen. Nur so können die Entwicklungsprozesse eines Teams funktionieren. Wird nun der Reifeprozess der Teamentwicklung als der zur Reifung der Effektivität betrachtet, wird deutlich, dass die Effektivität aus der Entwicklung eines Teams entsteht. Es wird somit erwartet, dass es einen positiven Zusammenhang zwischen der Reife eines agilen Teams und der Effektivität eines agilen Teams gibt.

Neben der Zusammenführung von Teamentwicklung und Effektivität von Teams wird auch die Rolle der Führungskraft im Rahmen der Effektivität von Teams dargestellt. Führung ist in der Lage, bereits vor der Entstehung eines Teams dessen Effektivität zu beeinflussen. In klassischen Modellen zur Erklärung der Effektivität eines Teams wird Führung als Input Variable und Effektivität als Outcome Variable betrachtet. Hierbei handelt es sich um die sogenannten Input-Process-Outcomes (IPO) (McGrath, 1964) oder Input-Mediator-Outcomes Modelle (IMO) (Ilgen, Hollenbeck, Johnson & Jundt, 2005). Diese sind in Abbildung 3 graphisch dargestellt.

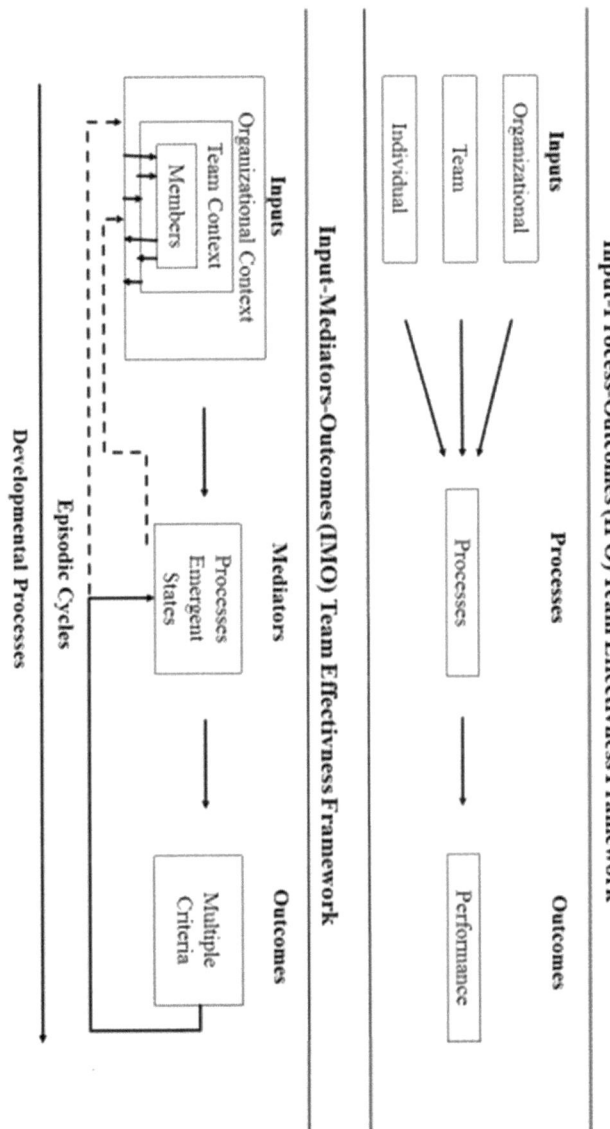

Abbildung 3: Input-Prozess-Outcome-Modell zur Teameffektivität (Mathieu et al., 2008, S. 413)

In diesen Modellen führen definierte Inputs wie beispielsweise Charakteristika der Teammitglieder (Kompetenzen, Werte), Teamsettings (Führung, Aufgabenstruktur, Teamstruktur) und organisationale Faktoren (Personalmanagementsystem) zu anschließenden Teamprozessen wie Teamentwicklung und enden in Outcomes (Effektivität) (McGrath, 1964). Die Variablen beeinflussen die Zusammenarbeitsprozesse in einem Team, welche im IMO Modell wiederum Mediatoren (Delegationsumfang, Vertrauen, Klima) zugewiesen werden können. Mediatoren bestimmen die Ausprägung der Teamprozesse und die Teamprozesse bestimmen die Outcomes (Effektivität) (Ilgen et al., 2005). In den täglichen Aufgaben von Teams finden sich viele IPO und IMO-Episoden (Marks, Mathieu & Zaccaro, 2001) wider. Die Forschung zur Effektivität von Teams beschäftigte sich in den letzten Jahren zum größten Teil mit dem Einfluss von Führung auf die Prozesse, Mediatoren und Outcomes des IPO und IMO Modells (Day, Gronn & Salas, 2006). In dieser Studie wird Führung in Form von Servant Leadership als Input Variable auf die Effektivität von agilen Teams untersucht.

2.2.4 Die Auswirkung von Servant Leadership auf das Team

Greenleaf (1977, S. 85) schrieb über den Servant Leader "[…] will need to evolve from being the chief into the builder of the team." Diese Denkweise veranlasste Irving 2005 eine Untersuchung durchzuführen, ob es einen positiven Zusammenhang zwischen Servant Leadership und der Effektivität eines Teams gibt. Die Daten zu seiner Studie erhob er in einer non profit Organisation. Hier konnte er einen signifikanten Zusammenhang zwischen den beiden Variablen Servant Leadership und der Effektivität von Teams nachweisen. Mahembe und Engelbrecht führten 2014 eine ähnliche Studie wie Irving durch. Sie untersuchten ebenfalls den Zusammenhang zwischen Servant Leadership und der Effektivität von Temas. Ihre Studie wurde im südafrikanischen Schulsektor durchgeführt und konnte die Ergebnisse von Irving mit einem signifikanten Zusammenhang der Variablen bekräftigen. Aufgrund dieser vorangegangenen Ergebnisse wird daher ebenfalls ein positiver Zusammenhang zwischen den Variablen Servant Leadership und der Effektivität agiler Teams erwartet.

Was jedoch keiner der Studien beantworten konnte ist, wodurch sich die Beziehung eines Teams und Servant Leadership auszeichnet. Des Weiteren wurden bisher wenige Untersuchungen mit modernen Teamformen, wie z. B. agile Teams durchgeführt. Agile Teams sind stark selbstorganisiert und arbeiten überwiegend autonom an ihren Aufgaben (Förster &Wendler, 2012). Dies wird durch Servant Leadership vermutlich positiv beeinflusst, da für Servant Leader das Wohlergehen der Geführten, nicht das Erreichen der Unternehmensziele im Vordergrund steht. Es bleibt somit die Frage offen, welche Dimensionen der Teamentwicklung Servant Leadership positiv beeinflusst und wie dies mit der Effektivität von agilen Teams zusammenhängt. Es konnte bereits aufgezeigt werden, dass die Effektivität eines Teams durch Teamentwicklung hervorgerufen wird.

Da Servant Leader stets bestrebt sind, die Weiterentwicklung ihrer Mitarbeiter, voran zu treiben, besteht die Vermutung, dass Servant Leadership einen positiven Effekt auf die Teamentwicklung agiler Teams hat. Durch den natürlichen Drang die Stärken der Mitarbeiter zu fördern, fördert ein Servant Leader das gesamte Team, das er führt. Das Team kann sich zu seiner vollständigen Reife entwickeln und dadurch effizient zusammenarbeiten. Dies würde den Zusammenhang zwischen Servant Leadership und der Effektivität eines agilen Teams erklären. Um zu bestätigen, dass die Entwicklung eines Teams und die Effektivität eines agilen Teams zusammenhängen, wird diese Beziehung im Rahmen dieser Untersuchung ebenfalls auf einen Zusammenhang hin getestet.

2.2.5 Operationalisierung der Effektivität von Teams und Teamentwicklung

„Leider arbeiten Teams nicht immer „at their best" zusammen, so dass sich immer wieder von neuem die Frage stellt, wie die Effektivität von Teams erhöht bzw. die Zusammenarbeit im Team gefördert werden kann" (Kauffeld, 2001, S. 26). Auf Basis dieser Frage ist der Fragebogen zur Arbeit in Teams (F-A-T) von Simone Kauffeld 2001 entstanden. Sie argumentiert, dass die Teamentwicklung und die Effektivität eines Teams eng zusammenhängen und einander bedingen. Der F-A-T wurde daher mit dem Ziel entworfen, Teams weiterzuentwickeln, um die Effektivität zu steigern. Durch den Fragebogen wird ein Profil des Teams erstellt aus dem Teamentwicklungsmaßnahmen abgeleitet werden können.

Als theoretisches Fundament zieht Kauffeld zwei Modelle heran. Das erste Modell sind die Kernbereiche der Teamentwicklung nach Rubin, Plovnick und Fry (1978) (a) goals (Ziele), (b) roles (Rollen), (c) procedures (Abläufe) und (d) relationships (Beziehungen). Das zweite Modell, welches in den F-A-T integriert ist, sind die zwei Dimensionen des Funktionierens eines Teams nach West (1994). Er unterscheidet zwischen Task Reflexivity (Strukturorientierung), die sich auf die Teamaufgabe und das Erfüllen dieser bezieht sowie Social Reflexivity (Personenorientierung). Diese Dimension umfasst die sozialen Komponenten, die die Mitglieder eines Teams diese auch als solches wahrnehmen lassen. Auf Basis dieser Modelle führte

Kauffeld eine Befragung von Experten aus dem Bereich Teamentwicklung durch. Hieraus entstanden die Skalen, die heute im F-A-T erfasst werden. Diesen sind übergeordnet Strukturorientierung und Personenorientierung (West, 1994). Personenorientierung teilt sich wiederum in Zusammenhalt und Verantwortungsübernahme und Strukturorientierung in Zielorientierung und Aufgabenbewältigung auf.

Zur Untersuchung des Zusammenhangs zwischen Servant Leadership und Teamentwicklung soll erhoben werden wie Servant Leadership auf die Dimensionen der Teamentwicklung nach Kauffeld wirkt. Daraus soll ersichtlich werden, welche Bereiche der Teamentwicklung am stärksten durch das Führungsverhalten beeinflusst werden. Da der F-A-T als Instrument zur Erhebung der Reife eines Teams entwickelt wurde und die wichtigsten Dimensionen der Reife eines Teams abbildet, wird er für diese Studie verwendet. Zur Erhebung der Variable Team Effektivität auf Ebene des Teams bietet sich der Team Excellence Questionnaire (TEQ) von Larson und LaFasto (1989) an. Der Fragebogen ist Teil eines zweiteiligen Analyseinstruments zur Erfassung der Effektivität von Teams und deren Führungskräften. Er analysiert die Effektivität auf der Ebene des Teams und umfasst 40 Items. Das Gegenstück ist der Collaborative Team Leader Questionnaire (CTLQ), welcher auf der Ebene der Führungskraft verwendet wird und 42 Items umfasst. Das Team füllt den TEQ und die Führungskraft den CTLQ aus. Die Auswertung der Fragebögen ergibt das Profil des Teams aus dem etwaige Handlungsbedarfe abgeleitet werden können, um die Performanz im Team zu verbessern.

TEQ Larson & LaFasto (1989)	F-A-T Kauffeld (2001)	Merkmale nach Kozlowski & Bell (2003)
Klares erhebendes Ziel	Zielorientierung	Gemeinsames Ziel
Ergebnis getriebene Struktur	Aufgabenbewältigung	Rollendifferenzierung & Struktur
Kompetenzen Team Mitglieder	-	-
Einheitliches Engagement	Verantwortung	Grenzen nach Außen
Zusammenarbeitsklima	Zusammenhalt	Identität, Stabilität, Werte & Normen
Standardmäßige Spitzenleistung	-	-
Externer Support und Anerkennung	-	-
Prinzipientreue Führung	-	-

Tabelle 2 Zusammenhang der Charakteristiken von Teameffektivität, Teamentwicklung und Merkmale eines Teams

Beide Fragebögen basieren auf insgesamt acht Charakterisierungen, die Larson und LaFasto (1989) durch die Beobachtung von Teams identifizierten. Für den TEQ sind diese (a) klares, erhebendes Ziel, (b) Ergebnis getriebene Struktur, (c) Kompetenzen der Teammitglieder, (d) einheitliches Engagement, (e) Zusammenarbeitsklima, (f) standardmäßige Spitzenleistung und (g) externer Support und Anerkennung. Der CTLQ umfasst noch (h) prinzipientreue Führung. Es fällt auf, dass sich die Charakterisierungen mit den Dimensionen der Teamentwicklung von Kauffeld (2001) und den Merkmalen eines Teams nach Kozlowski & Bell (2003) überschneiden. In Tabelle 2 wird dieser Zusammenhang verdeutlich. Die Differenzierbarkeit der Variablen ist dadurch erschwert. Im Rahmen der Studie wird aus diesem Grund jedoch ein hoher Zusammenhang erwartet.

3 Methodik

3.1 Forschungsfrage und Hypothesen

Die Frage, welcher sich im Rahmen dieser Studie angenähert werden soll ist, welche Auswirkung Servant Leadership auf die Effektivität agiler Teams hat. Dieser Frage soll sich durch die Untersuchung unterschiedlicher Beziehungen zwischen den Variablen Servant Leadership, Entwicklung eines agilen Teams, den Dimensionen von Teamentwicklung und der Effektivität agiler Teams angenähert werden. Dabei steht die Beziehung zwischen Servant Leadership und der Effektivität von agilen Teams im Fokus. Es ist auch Teil der Frage, wie dieser Zusammenhang potenziell zustande kommt und wodurch er sich begründet. Im Theorieteil konnte bereits dargestellt werden, dass ein positiver Zusammenhang zwischen Servant Leadership und der Effektivität agiler Teams aufgrund vorangegangener Studien und theoretischen Überlegungen zu erwarten ist. Es konnte auch aufgezeigt werden, dass der positive Zusammenhang vermutlich aus dem positiven Zusammenhang zwischen Servant Leadership und der Entwicklung eines agilen Teams resultiert, da die Entwicklung eines agilen Teams mutmaßlich in einem positiven Zusammenhang mit der Effektivität eines agilen Teams steht. Um zu verstehen, welche Dimensionen der Entwicklung eines agilen Teams Servant Leadership hauptsächlich beeinflusst, werden die Dimensionen der Teamentwicklung nach Kauffeld (2001) auf einen Zusammenhang mit Servant Leadership untersucht.

Ziel der quantitativen Forschung ist es daher, die theoretischen Überlegungen anhand einer empirischen Studie zu überprüfen. Zur Untersuchung der beschriebenen Zusammenhänge und Einflüsse wurden sieben gerichtete Zusammenhangshypothesen formuliert und im Rahmen einer quantitativen Untersuchung auf ihre Signifikanz hin getestet. Diese Zusammenhanghypothesen lauten:

H_1: Es gibt einen statistisch signifikanten positiven Zusammenhang in agilen Teams zwischen der Input Variable Servant Leadership (SLS) und der Entwicklung eines agilen Teams (F-A-T).

H_1^0: Es gibt keinen statistisch signifikanten positiven Zusammenhang in agilen Teams zwischen der Input Variable Servant Leadership (SLS) und der Entwicklung eines agilen Teams (F-A-T).

H_2: Es gibt einen statistisch signifikanten positiven Zusammenhang in agilen Teams zwischen der Input Variable Servant Leadership (SLS) und der Team Dimension Zusammenhalt (F-A-T).

H_2^0: Es gibt keinen statistisch signifikanten positiven Zusammenhang in agilen Teams zwischen der Input Variable Servant Leadership (SLS) und der Team Dimension Zusammenhalt (F-A-T).

H_3: Es gibt einen statistisch signifikanten positiven Zusammenhang in agilen Teams zwischen der Input Variable Servant Leadership (SLS) und der Team Dimension Verantwortungsübernahme (F-A-T).

H_3^0: Es gibt keinen statistisch signifikanten positiven Zusammenhang in agilen Teams zwischen der Input Variable Servant Leadership (SLS) und der Team Dimension Verantwortungsübernahme (F-A-T).

H_4: Es gibt einen statistisch signifikanten positiven Zusammenhang in agilen Teams zwischen der Input Variable Servant Leadership (SLS) und der Team Dimension Zielorientierung (F-A-T).

H_4^0: Es gibt keinen statistisch signifikanten positiven Zusammenhang in agilen Teams zwischen der Input Variable Servant Leadership (SLS) und der Team Dimension Zielorientierung (F-A-T).

H_5: Es gibt einen statistisch signifikanten positiven Zusammenhang in agilen Teams zwischen der Input Variable Servant Leadership (SLS) und der Team Dimension Aufgabenbewältigung (F-A-T).

H_5^0: Es gibt keinen statistisch signifikanten positiven Zusammenhang in agilen Teams zwischen der Input Variable Servant Leadership (SLS) und der Team Dimension Aufgabenbewältigung (F-A-T).

H_6: Es gibt einen statistisch signifikanten positiven Zusammenhang zwischen der als hoch wahrgenommenen Entwicklung eines agilen Teams (F-A-T) und der als hoch wahrgenommenen Effektivität eines agilen Teams (TEQ).

H_6^0: Es gibt keinen statistisch signifikanten positiven Zusammenhang zwischen der als hoch wahrgenommenen Entwicklung eines agilen Teams (F-A-T) und der als hoch wahrgenommenen Effektivität eines agilen Teams (TEQ).

H_7: Es gibt einen statistisch signifikanten positiven Zusammenhang zwischen der Input Variable Servant Leadership (SLS) und der Output Variable Effektivität von agilen Teams (TEQ).

H_7^0: Es gibt keinen statistisch signifikanten positiven Zusammenhang zwischen der Input Variable Servant Leadership (SLS) und der Output Variable der Effektivität von agilen Teams (TEQ).

3.2 Untersuchungsdesign

Zur Untersuchung der in Abbildung 4 dargestellten Beziehungen und den dazu formulierten sieben Hypothesen wurde eine empirische Studie durchgeführt und anhand quantitativer Methoden ausgewertet.

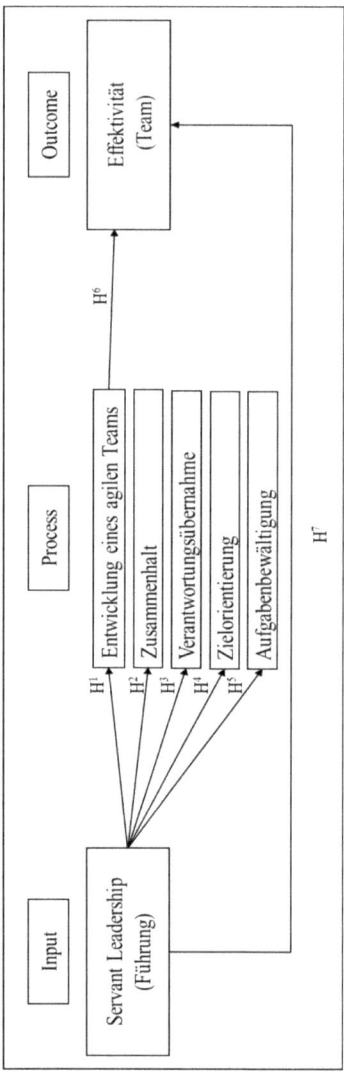

Abbildung 4: Untersuchungsgegenstand
(Eigenedarstellung)

Bei der durchgeführten quantitativen Untersuchung handelt es sich um eine nicht experimentelle Querschnittsstudie. Die Stichprobe wurde ausschließlich zu einem Messzeitpunkt unter nicht-experimentellen Bedingungen untersucht (Döring & Bortz, 2016). Es wurden Daten zu den Variablen Servant Leadership, Entwicklung von agilen Teams, Effektivität von agilen Teams, Zusammenhalt, Verantwortungsübernahme, Zielorientierung, Aufgabenbewältigung und der Effektivität von agilen Teams erhoben. Alle Daten wurden mittels Onlinefragebogen gesammelt. Dieser wurde durch das Tool SoSci Survey (Leiner, 2016) realisiert und den Teilnehmern auf www.soscisurvey.de zur Verfügung gestellt. Die Plattform generiert einen eignen Link für den Fragebogen wodurch sichergestellt ist, dass der richtige Fragebogen aufgerufen wird. Den Link zu dem Fragebogen erhielten die Teilnehmer per E-Mail. Den Personen war es somit möglich, den Fragebogen zu einer für sie passenden Uhrzeit und in einer angemessenen Geschwindigkeit auszufüllen. Es war auch möglich, während der Befragung zu pausieren und zu einem späteren Zeitpunkt fortzufahren. Des Weiteren bot die elektronische Onlinebefragung den Vorteil, dass der Teilnehmer den Fragebogen mit jedem Endgerät, sei es ein Smartphone oder ein Desktop PC ausfüllen konnte. Es bedurfte lediglich einer Internet Verbindung, um auf den Fragebogen zugreifen zu können und zehn Minuten, um alle Fragen zu beantworten. Durch dieses Medium konnte eine hohe Anzahl an Personen erreicht werden.

Der Onlinefragebogen setzte sich aus unterschiedlichen Teilen zusammen. Der erste Teil erfasste die demografischen Merkmale der Teilnehmer. Es wurde gebeten Angaben über die derzeitige Teamzugehörigkeit (Teil eines Teams ja/nein), das Alter, die Jahre der Betriebszugehörigkeit, die Jahre der Teamzugehörigkeit, die Jahre des Führungszeitraums der derzeitigen Führungskraft, das Geschlecht und die Anzahl der Teammitglieder in ihrem Team zu machen. Aufgrund des Datenschutzes und um die Anonymität zu gewährleisten, wurde den Personen freigestellt, Angaben zu den eigenen demografischen Daten zu machen. Es sollte nicht möglich sein, einzelne Personen anhand der erhobenen Daten zu identifizieren.

Um sicher zu stellen, dass sich die Stichprobe rein aus agilen Teams zusammensetzte, wurden im zweiten Teil des Fragebogen die agilen Werte des agilen Manifestos (Beck et al., 2001) abgefragt. Dabei waren die Antwortmöglichkeiten, (a) stimme nicht zu, (b) stimme eher nicht zu, (c) stimme eher zu und (d) stimme zu, gegeben. Der Wert „Funktionierende Software vor allumfassender Dokumentation" wurde allgemeiner formuliert, so dass der Bezug nicht ausschließlich auf der Softwareentwicklung lag. Die Formulierung der vier Werte im Fragebogen lautete:

In Ihrem Team steht...

- ...die Einzelperson und Interaktion vor Prozessen und Tools.
- ...das Produkt vor allumfassender Dokumentation.
- ...Zusammenarbeit vor Vertragsverhandlungen.
- ...das Reagieren auf Veränderung vor der Verfolgung eines Plans.

Für die Auswertung wurde eine vierstufige, ordinal skalierte Likert-Skala verwendet. Hat die befragte Person die Mehrzahl der Werte positiv bewertet wird impliziert, dass sich diese Person als Teil eines agilen Teams wahrnimmt. Ist dem nicht so wird impliziert, dass die Person nicht in einem agil handelnden Team arbeitet und so die Zusammenhangshypothesen nicht überprüft werden können.

Der dritte Teil des Fragebogens diente der Erfassung der Daten zu den zu untersuchenden Variablen. Es wurden Items aus verschiedenen Erhebungsinstrumenten verwendet. Alle Instrumente wurden vorab sorgfältig ausgewählt. Dabei wurde vor allem auf die passende Operationalisierung der Variablen sowie auf die Einhaltung der Gütekriterien Objektivität, Reliabilität und Validität (Döring & Bortz, 2016) geachtet. Für die Erhebung der Variable Servant Leadership wurden 17 Items aus der Kurzversion des Servant Leadership Survey (SLS) (Van Dierendonck et al., 2017) ausgewählt. Die zu befragenden Führungskräfte und Teammitglieder sollten ihre subjektive Einschätzung hinsichtlich des Führungsverhaltens Servant Leadership gegenüber dem Team widergeben. Hierzu wurden die Items des SLS entsprechend der Befragung auf Teamebene umformuliert. Das originale Item lautet „Meine Führungskraft stellt mir die Informationen zur Verfügung, die ich brauche, um meine Arbeit gut zu machen." Aus Sicht eines Teammitgliedes lautete das Item „Unsere Führungskraft stellt uns die Informationen zur Verfügung, die unser Teams braucht, um seine Arbeit gut zu erledigen" und für eine Führungskraft wurde das Item wie folgt formuliert „Ich stelle meinem Team die notwendigen Informationen zur Verfügung, die das Team braucht, um seine Arbeit gut zu erledigen.". So sollte sichergestellt sein, dass die befragten Personen die Auswirkung von Servant Leadership auf der Ebene des Teams bewerteten und nicht auf der individuellen Ebene der Führungskraft. Zusätzlich wurde im Fragebogen zwischen der Führungskraft und einem Teammitglied unterschieden um zu gewährleisten, dass beide Befragungsgruppen das gleiche Team bewerteten. Die Teammitglieder das Team, dem sie angehören und die Führungskräfte das Team, das sie disziplinarisch führen. Anhand des Fragebogens zur Arbeit im Team (Kauffeld, 2001) wurde die Entwicklung eines agilen Teams sowie die Dimensionen Zusammenhalt,

Verantwortungsübernahme, Zielorientierung und Aufgabenbewältigung erhoben. Zugunsten der Gesamtlänge des Fragebogens wurden acht Items für die Erhebung der Variablen ausgewählt. Diese erfassten das subjektive Meinungsbild der befragten Personen zu dem Reifegrad der Entwicklung in ihren Teams. Zur Erfassung der Variable Effektivität wurden sieben Items des TEQ (Larson & LaFasto, 1989) nach Northouse (2018) verwendet. Die Teilnehmer gaben eine hier eine Einschätzung der Effektivität ihres Teams ab.

3.2.1 Servant Leadership Survey

Zur Erfassung der Variable Servant Leadership wurde der Servant Leadership Survey (Van Dierendonck & Nuijten, 2011) verwendet. Der SLS ist 2011 in den Niederlanden auf Niederländisch entstanden und operationalisiert das Servant Leadership Modell von Van Dierendonck (2011). In der finalen Langfassung umfasst der Fragebogen acht Dimensionen denen 30 Items zugeordnet sind. 2017 publizierten Van Dierendonck et al. eine Kurzversion des Fragebogens die fünf Dimensionen mit 18 Items enthält. Van Dierendonck und Nuijten führten bis zur finalen Langfassung des SLS drei Studien durch.

In Studie eins wurden acht Dimensionen und 99 Items getestet. Es wurden Daten von 668 Teilnehmern ausgewertet. Aufgrund der Ergebnisse zur faktoriellen Validität und internen Konsistenz wurde die Anzahl der Items auf 39 reduziert und die Dimension zwischenmenschliche Akzeptanz in Vergebung umbenannt. In Studie zwei wurden acht Dimensionen und 39 Items getestet. Es wurden Daten von 263 Teilnehmern ausgewertet. In Studie drei wurden acht Dimensionen und 30 Items getestet. Es wurden Daten von 236 Personen für diese Studie ausgewertet. Das Cronbachs Alpha über alle drei Studien hinweg liegt bei $\alpha = .89$. Die finale Langversion des SLS beinhaltet die acht Dimensionen (a) Befähigung, (b) Zurückhaltung, (c) Verantwortung, (d) Vergebung, (e) Courage, (f) Authentizität, (g) Bescheidenheit und (h) Leitung. Diese wurden mit 30 Items erfasst und sind "empirically be differentiated and conceptually interpreted." (Van Dierendonck & Nuijten, 2011, S. 256). Von diesen 30 Items sind 27 positiv und drei in der Dimension Vergebung negativ gepolt. Um zu überprüfen ob die hohe faktorielle Validität auch in anderen Ländern erzielt werden kann, wurde eine vierte Studie durchgeführt. In Studie vier wurde die finale Langfassung mit acht Dimensionen und 30 Items ins Englische übersetzt. Es wurden Daten von 384 Probanden aus England erhoben und ausgewertet. Die faktorielle Validität von sieben Dimensionen war hoch bis sehr hoch und entspricht den Ergebnissen der niederländischen Fassung. Die interne

Konsistenz der acht Dimensionen in der englischen Version weisen Cronbachs Alpha von α = .76 bis α = .95 auf. Die englische Version hat somit eine hohe Reliabilität. Die Ergebnisse sprechen dafür, dass der SLS Servant Leadership operationalisiert.

In 2015 führten Rodríguez-Carvajal et al. eine Studie zur Evaluierung des SLS in Spanien, Argentinien und Mexiko durch. Hierzu wurde der SLS ins Spanische übersetzt. Daten von 638 Personen aus Spanien, Argentinien und Mexiko wurden ausgewertet. Die Reliabilität für Mexiko und Spanien liegt bei α = .94 und für Argentinien bei α = .93. Dieses Ergebnis zeigt eine hohe Reliabilität für die spanische Version des SLS. 2017 wurde der SLS in sechs weitere Sprachen übersetzt. Diese sind Portugiesisch, Isländisch, Italienisch, Finnisch, Deutsch und Türkisch. Van Dierendonck et al. (2017) haben aus insgesamt acht Ländern Daten von 5201 Personen zusammengetragen, konsolidiert und ausgewertet. Das Ergebnis zeigte, dass aufgrund niedrigerer Werte des Komparativen Anpassungsindexes die Stichproben aus den unterschiedlichen Ländern nur gering vergleichbar sind. Van Dierendonck et al. (2017) schließen darauf, dass es zu unterschiedlichen Interpretationen der Dimensionen gekommen sein muss.

Um ihr Instrument in diesem Punkt zu verbessern, wurden drei der acht Dimensionen und einige Items aus dem Fragebogen herausgenommen. Es bleiben fünf Dimensionen und 18 Items in der Kurzversion erhalten. Diese sind (a) Befähigung mit sechs Items, (b) Bescheidenheit, (c) Zurückhaltung, (d) Leitung und (e) Authentizität mit jeweils drei Items. Zur Validierung der Kurzversion wurden erneut die Daten der acht Länder und 5201 Personen ausgewertet. Die Ergebnisse für die interne Konsistenz der Subskalen bewegen sich zwischen r = .71 und r = .92. Skalenübergreifend liegt die interne Konsistenz bei 0.95 und die Korrelation der Items liegt zwischen r = .58 und r = .79. Die Forscher kommen zu dem Ergebnis, dass die 18 Items Variante faktoriell valide und konsistent sind. Diese Ergebnisse lassen darauf schließen, dass der Fragebogen für eine Operationalisierung von Servant Leadership in unterschiedlichen Ländern einsetzbar ist (Van Dierendonck et al., 2017).

Für diese Studie ist dies wichtig, da der Fragebogen auf Deutsch verwendet werden und somit ausgeschlossen sein sollte, dass die Sprache einen signifikanten Einfluss auf die Ergebnisse hat. Für die Datenerhebung im Rahmen dieser Studie wurde die Kurzversion des SLS verwendet und die Items in der Ansprache so formuliert, dass sie entweder das Team (Unsere Führungskraft stellt uns die Informationen zur Verfügung, die unser Team braucht, um seine Arbeit gut zu erledigen) oder die Führungskraft (Ich stelle meinem Team die notwendigen Informationen zur Verfügung, die das Team braucht, um seine Arbeit gut zu erledigen) ansprachen. Für die Beantwortung der Items wurde eine sechsstufige intervallskalierte Likert-Skala (Döring & Bortz, 2016) eingesetzt. Die Teilnehmer konnten zwischen den folgenden Antwortmöglichkeiten (a) stimme ich überhaupt nicht zu; (b) stimme nicht zu; (c) stimme eher nicht zu; (d) stimme eher zu; (e) stimme zu und (f) stimme voll zu, wählen.

3.2.2 Fragebogen zur Arbeit im Team

Der Fragebogen zur Arbeit im Team wurde unter Berücksichtigung der theoretischen Modelle nach Rubin, Plovnick und Fry (1978) und West (1994) („Task Reflexivity" und „Social Reflexivity") erstellt. Beide Modelle werden der Teamentwicklung zugeordnet. Das Instrument erstellt ein Profil der Teams auf dessen Basis Entwicklungsinterventionen abgeleitet werden können. Dieses Profil wird aus 22 Items gewonnen. Für die Item Generierung wurden zusammen mit Beratern aus dem Bereich der Teamentwicklung fünf Aspekte identifiziert zu denen 45 Items formuliert wurden. Es wurden insgesamt zwei Stichproben erhoben, anhand derer eine Auswahl der Items für die Endversion stattfinden konnte. Die erste Stichprobe besteht aus 13 Teams mit insgesamt 106 Teammitgliedern aus sechs Organisationen. Hieraus konnte bereits eine Struktur für den Fragebogen gewonnen werden. Die Struktur wurde durch die zweite Stichprobe überprüft. Die zweite Stichprobe besteht aus 19 Teams mit insgesamt 126 Teammitgliedern. Die Items des Fragebogens sollen die Kriterien „(a) zwischen verschiedenen Teams differenzieren, (b) einen eigenständigen Teamaspekt repräsentieren und (c) faktorenanalytischen Kriterien entsprechen" (Kauffeld, 2001, S. 28) erfüllen. Die finale Version des Fragebogens gliedert sich in die zwei Bereiche, Strukturorientierung (Task Reflexivity) und Personenorientierung (Social Reflexivity). Dem Bereich Personenorientierung sind die zwei Subskalen Zusammenhalt und Verantwortungsübernahme zugeordnet, welche durch zehn Items operationalisiert werden. Dem Bereich Strukturorientierung sind die zwei Subskalen Zielorientierung und Aufgabenbewältigung zugeordnet, die durch zwölf Items operationalisiert werden. Die Reliabilität in Form der internen Konsistenz für den Bereich Strukturorientierung in der ersten Stichprobe liegt bei $r = .89$ und in der zweiten Stichprobe bei $r = .84$. Die Reliabilität in Form der internen Konsistenz für den Bereich Personenorientierung in der ersten Stichprobe liegt bei $r = .90$ und in der zweiten Stichprobe bei $r = .89$. Kauffeld bezeichnet die interne Konsistenz des Fragebogens als zufriedenstellend und zeigt auf, dass die Ergebnisse der kriteriumsbezogenen Validität für die Eigenständigkeit der Subskalen spricht. Der Fragebogen weist somit zufriedenstellende psychometrische Gütekriterien auf. Für die vorliegende Arbeit wurden insgesamt acht Items zu den vier Subskalen ausgewählt die durch eine sechsstufige intervallskalierte Likert-Skala (Döring & Bortz, 2016) beantwortet werden konnten. Es standen die Antwortmöglichkeiten (a) stimme ich überhaupt nicht zu; (b) stimme nicht zu; (c) stimme eher nicht zu; (d) stimme eher zu; (e) stimme zu und (f) stimme voll zu, zur Auswahl.

3.2.3 Team Excellence and Collaborative Team Leader Questionnaire

Zur Erhebung der Daten für die Variable Effektivität von agilen Teams wurden sieben Items des Team Excellence Questionnaire von Larson & LaFasto (1989) verwendet. Diese Items wurden von Northouse (2018) für einen beispielhaften repräsentativen Auszug aus dem Team Excellence and Collaborative Team Leader Questionnaire (Larson & LaFasto, 1989) ausgewählt und in seinem Buch „Leadership: Theory and Practice" aufgeführt. Insgesamt wählte er dreizehn Items aus beiden Fragebögen aus. Jedes Item bildet mindestens eine der acht Charakteristika nach Larson & LaFasto (1989) ab. Die ersten sieben Items gehen auf die Team Ebene ein und bilden die Charakteristika (a) klares, erhebendes Ziel, (b) Ergebnis getriebene Struktur, (c) Kompetenzen Team Mitglieder, (d) einheitliches Engagement, (e) Zusammenarbeitsklima, (f) standardmäßige Spitzenleistung und (g) Externer Support und Anerkennung ab. Die folgenden acht Items beziehen sich auf die Führungskraft und führen als achte Charakteristik (h) prinzipientreue Führung mit auf. Da die Erhebung sich auf die Team Ebene beschränkt, werden die ersten sieben Items des Fragebogens für diese Untersuchung verwendet.

Irving verwendete diesen Fragebogen 2005 in seiner Studie zum Zusammenhang zwischen Servant Leadership und der Effektivität von Teams zur Operationalisierung der Variable Effektivität von Teams. LaFasto und Larson (2001) entwickelten die Items im Rahmen der Untersuchung von Effektivität von Teams weshalb Irving den Fragebogen auch Team Effectiveness Questionnaire (TEQ) nannte. Die Überprüfung der Reliabilität des TEQ zeigt ein Cronbachs Alpha von $\alpha = .81$, was für eine hohe Reliabilität spricht. Mahembe und Engelbrecht führten 2014 eine vergleichbare Studie zu dem Zusammenhang zwischen Servant Leadership und der Effektivität von Teams durch. Sie verwendeten ebenfalls den Team Excellence and Collaborative Team Leader Questionnaire von Northouse (2018) und übernahmen die Bezeichnung TEQ von Irving. Sie stellten ebenfalls eine hohe Reliabilität fest. Die Skala Team Member effectivness weist ein Cronbachs Alpha von $\alpha = .79$ auf und die Team Leader effectiveness Skala $\alpha = .89$. Aufgrund der hohen Reliabilität wird dieses Instrument für die Erfassung der Variable Team Effektivität im Rahmen der Überprüfung der Hypothesen H_6 und H_7 verwendet. Die Daten wurden mittels sechsstufiger intervallskalierter Likert-Skala (Döring & Bortz, 2016) erhoben. Die Antwortmöglichkeiten für diesen Fragebogen entsprachen den der anderen beiden Fragebögen und sind (a) stimme ich überhaupt nicht zu; (b) stimme nicht zu; (c) stimme eher nicht zu; (d) stimme eher zu; (e) stimme zu und (f) stimme voll zu.

3.2.4 Statistische Auswertung

Aus den erhobenen Daten wurden nun mittels statistischer Verfahren die relevanten Kennzahlen zur Überprüfung der Annahmen aus der Forschungsfrage gewonnen. Die Auswertungen wurden mit der Statistik Software R Commander gemacht. Um die Daten sinngemäß auswerten zu können, musste zunächst eine Datenmatrix mit den relevanten Variablen erstellt werden. Das Fragebogen Tool SoSci Survey (Leiner, 2016) stellt eine solche Datenmatrix zum Download zur Verfügung. Diese musste lediglich im Sinne der Studie bereinigt werden. Die Bereinigung des Datensatzes fiel aufgrund der Vorfilterung hinsichtlich unvollständig ausgefüllter Fragebögen durch die Online Plattform sehr gering aus. Es wurde durch die Funktion „zähle die Anzahl der fehlenden Werte " in R überprüft, ob alle Felder befüllt wurden. Außerdem wurde sichergestellt, dass keine negativen Werte (Frage wurde nicht beantwortet -9) in der Matrix vorhanden sind. Alle Fragebögen die nicht vollständig ausgefüllt, abgebrochen oder aus anderen Gründen gravierende Lücken aufwiesen, wurden aus der Datenmatrix entfernt. Nach der Bereinigung konnte die Matrix für die Auswertung durch die Statistik Software R Commander verwendet werden.

Zunächst wurden die Kennwerte der Deskriptiven Statistik Mittelwert (M), die Standardabweichung (SD), der Median, Schiefe und Kurtosis für die Variablen Zielorientierung (FAT_ZO), Aufgabenbewältigung (FAT_ABW), Verantwortung (FAT_VÜ), Zusammenhalt (FAT_ZH), Entwicklung des agilen Teams (FAT), Effektivität von agilen Teams (TEQ) und Servant Leadership (SLS) ausgegeben. Anhand dieser Werte konnte die Verteilung der Daten ermittelt werden. Die Verteilung der Daten liefert die Information, welche Verfahren für die Hypothesentests der Zusammenhangshypothesen zu wählen sind. Die Korrelation von Zusammenhangshypothesen bei intervallskalierten Daten wird üblicherweise durch die Berechnung der Produkt-Moment-Korrelation von Bravias Pearson dargestellt (Döring & Bortz, 2016). Die lineare Korrelation setzt eine Normalverteilung der Daten voraus. Um zu überprüfen ob die Daten aller intervallskalierten Variablen normalverteilt sind, wurde der Shapiro Wilk Test (Shapiro & Wilk, 1965) verwendet. Aufgrund der Ergebnisse des Shapiro Wilk Tests, sowie den Kennzahlen der Schiefe und Kurtosis, die in Tabelle 3 aufgeführt sind, kann nicht von einer Normalverteilung der Daten ausgegangen werden. Somit ist die Voraussetzung für eine lineare Korrelation nicht gegeben (Döring & Bortz, 2016). Daher wurde die Spearman Rangkorrelation für die Untersuchung des Zusammenhangs berechnet (Bortz & Schuster, 2010). Sie wird bei nicht normalverteilten Daten, wie es hier der Fall ist oder ordinal skalierten Daten herangezogen. Es wird zunächst der Korrelationskoeffizient zur Beschreibung der Intensität, niedrig r_s = .10, mittel r_s = .30 oder r_s = .50 hoch (Cohen, 1992), berechnet. Für die Untersuchung des Zusammenhangs zwischen den Variablen Servant Leadership, der Entwicklung eines agilen Teams, Zusammenhalt, Verantwortungsübernahme, Zielorientierung und Aufgabenbewältigung wurden die fünf gerichteten Zusammenhangshypothesen H_1 – H_5 und die jeweiligen Nullhypothesen H_1^0 - H_5^0 aufgestellt:

H_1: Es gibt einen statistisch signifikanten positiven Zusammenhang in agilen Teams zwischen der Input Variable Servant Leadership (SLS) und der Entwicklung eines agilen Teams (F-A-T).

H_1^0: Es gibt keinen statistisch signifikanten positiven Zusammenhang in agilen Teams zwischen der Input Variable Servant Leadership (SLS) und der Entwicklung eines agilen Teams (F-A-T).

H_2: Es gibt einen statistisch signifikanten positiven Zusammenhang in agilen Teams zwischen der Input Variable Servant Leadership (SLS) und der Team Dimension Zusammenhalt (F-A-T).

H_2^0: Es gibt keinen statistisch signifikanten positiven Zusammenhang in agilen Teams zwischen der Input Variable Servant Leadership (SLS) und der Team Dimension Zusammenhalt (F-A-T).

H_3: Es gibt einen statistisch signifikanten positiven Zusammenhang in agilen Teams zwischen der Input Variable Servant Leadership (SLS) und der Team Dimension Verantwortungsübernahme (F-A-T).

H_3^0: Es gibt keinen statistisch signifikanten positiven Zusammenhang in agilen Teams zwischen der Input Variable Servant Leadership (SLS) und der Team Dimension Verantwortungsübernahme (F-A-T).

H_4: Es gibt einen statistisch signifikanten positiven Zusammenhang in agilen Teams zwischen der Input Variable Servant Leadership (SLS) und der Team Dimension Zielorientierung (F-A-T).

$H_4{}^0$: Es gibt keinen statistisch signifikanten positiven Zusammenhang in agilen Teams zwischen der Input Variable Servant Leadership (SLS) und der Team Dimension Zielorientierung (F-A-T).

H_5: Es gibt einen statistisch signifikanten positiven Zusammenhang in agilen Teams zwischen der Input Variable Servant Leadership (SLS) und der Team Dimension Aufgabenbewältigung (F-A-T).

$H_5{}^0$: Es gibt keinen statistisch signifikanten positiven Zusammenhang in agilen Teams zwischen der Input Variable Servant Leadership (SLS) und der Team Dimension Aufgabenbewältigung (F-A-T).

In diesen Hypothesenpaaren ist Servant Leadership jeweils die unabhängige Variable während die Entwicklung eines Teams, Zusammenhalt, Verantwortungsübernahme, Zielorientierung und Aufgabenbewältigung die abhängigen Variablen sind.

Für die Untersuchung des Zusammenhangs zwischen Entwicklung eines agilen Teams und Effektivität von agilen Teams wurde die Zusammenhangshypothese H_6 sowie die zugehörige Nullhypothese $H_6{}^0$ aufgestellt.

H_6: Es gibt einen statistisch signifikanten positiven Zusammenhang zwischen der als hoch wahrgenommenen Entwicklung eines agilen Teams (F-A-T) und der als hoch wahrgenommenen Effektivität eines agilen Teams (TEQ).

$H_6{}^0$: Es gibt keinen statistisch signifikanten positiven Zusammenhang zwischen der als hoch wahrgenommenen Entwicklung eines agilen Teams (F-A-T) und der als hoch wahrgenommenen Effektivität eines agilen Teams (TEQ).

Hier bildet die Entwicklung eines agilen Teams die unabhängige und die Effektivität eines agilen Teams die abhängige Variable.

Die Untersuchung des Zusammenhangs zwischen Servant Leadership und der Effektivität von agilen Teams erfolgt anhand der Zusammenhangshypothesen H_7 und $H_7{}^0$.

H_7: Es gibt einen statistisch signifikanten positiven Zusammenhang zwischen der Input Variable Servant Leadership (SLS) und der Output Variable Effektivität von agilen Teams (TEQ).

H7⁰: Es gibt keinen statistisch signifikanten positiven Zusammenhang zwischen der Input Variable Servant Leadership (SLS) und der Output Variable der Effektivität von agilen Teams (TEQ).

Servant Leadership stellt in dieser Untersuchung die unabhängige und die Effektivität agiler Teams die abhängige Variable dar.

Zur Überprüfung ob die jeweilige H⁰ zutrifft oder die Alternativhypothese angenommen werden kann, wurden die Korrelationskoeffizienten mittels p-Wert auf die Signifikanz hin getestet. Zur weiteren Annäherung an die Forschungsfrage wurde mittels Regression die Beziehung zwischen Prädiktor (unabhängige Variable) und Kriteriumsvariable (abhängige Variable) innerhalb der einzelnen Zusammenhangshypothesen untersucht. Durch das R2 ließ sich darstellen, wie viel Prozent der Kriteriumsvariable durch den Prädiktor erklärt werden können. Der Regressionskoeffizient gibt dabei an wie stark der Zusammenhang ist und ähnelt so dem Korrelationskoeffizienten. Durch den t-Test wurde die Signifikanz der Regressionskoeffizienten ermittelt.

3.2.5 Stichprobe

Die Stichprobe für diese Studie wurde aus der IT Abteilung eines deutschen Automobilherstellers, die 4000 Mitarbeiter umfasst, aus dem Netzwerk der Forscherin gewonnen. In 2017 entschied der Konzern die IT Abteilung grundlegend umzustrukturieren und den Einsatz agiler Methoden als verpflichtendes Modell für die Realisierung von IT Projekten einzusetzen. Daher wurde im Sinne dieser Studie angenommen, dass die befragten Personen Teil einer agilen Organisation sind und somit in einem agilen Team arbeiten. Bei der Stichprobe handelt es sich nicht um eine reine Zufallsstichprobe (Döring & Bortz, 2016), da die Daten hinsichtlich der spezifischen Merkmale agiles Team und Zugehörigkeit zu einem Team ausgewählt wurden. Sie ist daher nicht in der Lage, Rückschlüsse auf eine Gesamtpopulation zuzulassen, sondern ermöglicht ausschließlich eine Wahrscheinlichkeitsbetrachtung für Teams die im Sinne dieser Studie als agil gelten und somit eine Teilpopulation darstellen. Es wird jedoch eine merkmalsspezifische Repräsentativität hinsichtlich des Merkmals eines agilen Teams unterstellt (Döring & Bortz, 2016). Dies ermöglicht es, aus der gezogenen Stichprobe Rückschlüsse auf die definierte Teilpopulation zu ziehen.

Für die Erhebung der Daten zur Untersuchung der Forschungsfrage wurden insgesamt 15 Teams, bestehend aus 15 Führungskräften und 140 Teammitgliedern aus dem Umfeld der Forscherin gebeten an der Befragung teilzunehmen.

Zurückgemeldet wurden N = 150 Fragebögen. Vollständig ausgefüllt hinsichtlich der Befragung zu den Variablen wurden N = 133 Fragebögen. Bei den demografischen Daten gaben 29 Personen das Alter nicht an, zwei Personen trafen keine Aussage über die Betriebszugehörigkeit und fünf Personen gaben keine Auskunft über den Führungszeitraum ihrer Führungskraft an. Dennoch wurden sie im Rahmen dieser Studie berücksichtigt.

Die N = 133 Fragebögen wurden weiter hinsichtlich der Kriterien, (a) Teilnehmer ist Mitglied eines Teams und (b) Teilnehmer nimmt sein Team als agil wahr, selektiert. Es wurden drei Fragebögen von den N = 133 aussortiert, da diese Personen keinem Team angehörten. Die Überprüfung des zweiten Kriteriums ergab, dass alle weiteren Teammitglieder und Führungskräfte sich als Teil eines agilen Teams wahrnahmen. Für die statistische Auswertung dieser Studie konnte somit eine Stichprobe von N = 130 verwendet werden. Die Stichprobe setzte sich aus 36,15 % (47) Frauen und 63,85 % (83) Männer im durchschnittlichen Alter zwischen 31 und 40 Jahren zusammen. Davon gab die Mehrheit an, zwischen 5 – 10 Jahre im Unternehmen zu arbeiten. Der Zeitraum der aktuellen Teamzugehörigkeit fiel geringer aus. Dieser lag bei der Mehrheit zwischen 1 – 3 Jahren. Die jeweilige Führungskraft führt die Personen im Schnitt bereits bis zu 3 Jahren.

Von den 130 befragten Personen gaben 115 Personen an, Teammitglieder zu sein während 15 Personen angaben, disziplinarische Führungskräfte zu sein. Unter den Teammitgliedern befanden sich 42 Frauen (32,31%) und 73 Männer (56,15%). Das Alter der Teammitglieder wurde überwiegend mit 31 bis 40 Jahren angegeben und die Betriebszugehörigkeit mit 5 – 10 Jahren. Teil des jeweiligen Teams waren die Teammitglieder überwiegend seit 1 – 3 Jahren und wurden bis 3 Jahre von der jeweiligen Führungskraft disziplinarisch geführt.

Die übrigen 15 Teilnehmer gaben an, disziplinarische Führungskräfte zu sein. Es befanden sich 10 männliche und fünf weibliche Personen unter den Führungskräften. Das Alter lag überwiegend zwischen 41 – 50 Jahren. Hauptsächlich waren diese Personen bereits seit 5 – 10 Jahren Teil des Unternehmens und davon zwischen 1 – 3 Jahre Teil des jetzigen Teams mit bis zu 3 Jahren Führungsverantwortung für dieses Team. Die durchschnittliche Anzahl an Teammitgliedern inklusive der Führungskraft beträgt 10,33 Personen pro Team. Die detaillierte Häufigkeitsverteilung ist dem Anhang 2 zu entnehmen.

4 Ergebnisse

Alle Ergebnisse die im Rahmen der Überprüfung der Hypothesen gesammelt wurden, sind in diesem Kapitel dargestellt. Zunächst werden die Ergebnisse der Deskriptiven Statistik aufgeführt.

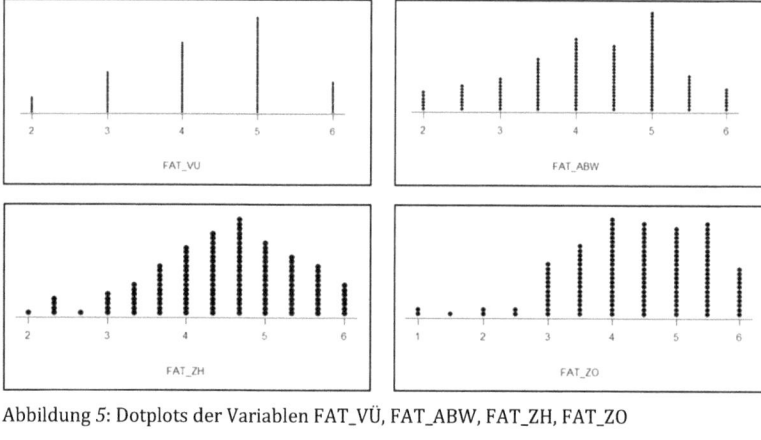

Abbildung 5: Dotplots der Variablen FAT_VÜ, FAT_ABW, FAT_ZH, FAT_ZO

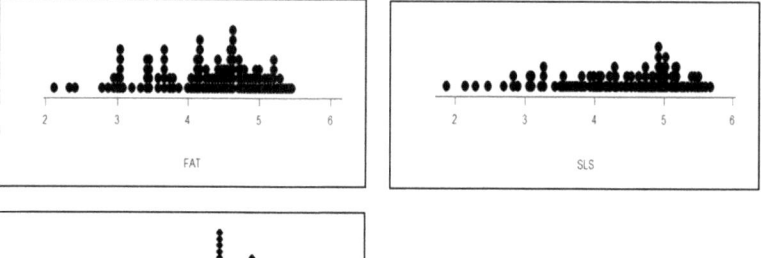

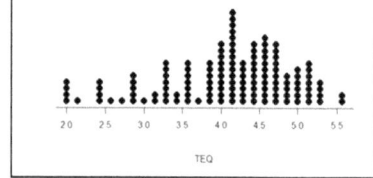

Abbildung 6: Dotplots der Variablen FAT, TEQ, SLS

Für die Variable FAT_VÜ (M = 4.34; SD = 1.08) liegt der Median bei 4.50. Selbiger Median gilt auch für die Variablen FAT_ABW (M = 4.22; SD = 1.03) Median 4.50 und FAT_ZO (M = 4.37; SD = 1.08) Median 4.50. Der Median der Variable FAT_ZH (M = 4.48; SD = 0.90) liegt weiter rechts in der Verteilung bei 4.66. Die Variable FAT (M = 4.35; SD = 0.78) hat einen Median von 4.52. Der Wert des Medians der Variable

SLS (*M* = 4.44; *SD* = 0.86) ist 4.65 und von der Variable TEQ (*M* = 4.08; *SD* = 0.83) liegt der Wert des Medians bei 4.14.

In den Abbildungen 5 und Abbildung 6 sind die Verteilungen der sieben Variablen anhand von Dotplots dargestellt. Für keine Variable lässt sich eine eindeutige Normalverteilung erkennen. Die Dotplots zeigen eine Rechtschiefe der Variablen. Neben der graphischen Darstellung findet sich in Tabelle 3 eine Übersicht der Werte zu Schiefe und Kurtosis sowie die Ergebnisse des Shapiro Wilk Test. Keine der anhand des Shapiro Wilk Test getesteten Variablen erreichte das Signifikanzniveau von $p < .05$ was bedeute das die Nullhypothese zu verwerfen und die Alternativhypothese anzunehmen ist (Shapiro & Wilk, 1965). Daraus resultiert, dass die Daten der Variablen nicht Normalverteilt sind.

Variablen	W	p	Schiefe	Kurtosis	NV
FAT	.95	.0004517	-0.64	-0.16	nein
FAT_ZH	.96	.002815	-0.44	-0.12	nein
FAT_VÜ	.89	7.162e-08	-0.41	-0.48	nein
FAT_ZO	.94	5.315e-05	-0.63	0.37	nein
FAT_ABW	.95	.0001378	-0.38	-0.55	nein
SLS	.95	.000335	-0.69	-0.04	nein
TEQ	.94	.0001042	-0.71	0.05	nein

Tabelle 3 Test auf Normalverteilung Shapiro Wilk Test, Schiefe und Kurtosis

Zur Überprüfung des Zusammenhangs der Hypothesen wurde die Spearman Rang Korrelation gerechnet (Döring & Bortz, 2016). Die Korrelationskoeffizienten in Bezug auf die Hypothesen H^1 – H^5 sind in Tabelle 4 dargestellt. Der Signifikanztest ergab die p-Werte FAT p = 2.587e-13, FAT_ZH p = 2.746e-10, FAT_VÜ p = 2.195e-10, FAT_ZO p = 0.0001685 und FAT_ABW p = 3.029e-09. Somit liegt der p-Wert bei allen Variablen unter p = .000 was zu einem Signifikanzniveau von $p < .000$ führt. Dies spricht für einen signifikanten Zusammenhang.

Weiterführend wurde zur Erklärung der Kriteriumsvariablen die lineare Regression berechnet. In Tabelle 5 sind die Kennwerte der linearen Regression der Prädiktor Variable SLS und der Kriteriumsvariable FAT dargestellt. Anhand des R^2 von $R^2 = .4289$

Ergebnisse

Variablen	SLS
FAT	.58***
FAT_ZH	.51***
FAT_VÜ	.51***
FAT_ZO	.30***
FAT_ABW	.48***

***p < .000

Tabelle 4 Ergebnisse der Spearman Korrelation zwischen den Variablen SLS, FAT, FAT_ZH, FAT_VÜ, FAT_ZO, FAT_ABW

können 42,44 % der Kriteriumsvariablen erklärt werden. Der p-Wert liegt bei p = 2e-16 bei einem Signifikanzniveau von $p < .000$. Die Ergebnisse gelten somit als signifikant.

Variablen	B	Std. Error	t-wert	R^2
Konstante	1.70	.27	6.188***	
SLS	0.60	.06	9.804***	.4244

***p < .000
Tabelle 5 Regressionanalyse SLS und FAT

Variablen	B	Std. Error	t-wert	R^2
Konstante	1.94	0.35	5.518***	
SLS	.57	.08	7.386***	.2933

***p < .000
Tabelle 6 Regressionanalyse SLS und FAT_ZH

Der Tabelle 6 sind die Kennwerte der linearen Regression zwischen der Prädiktor Variable SLS und der Kriteriumsvariable FAT_ZH zu entnehmen. Das R^2 von $R^2 = .2933$ zeigt, das 29,33 % der Kriteriumsvariablen durch den Prädiktor erklärt werden können. Der p-Wert ist p = 1.72e-11 bei einem Signifikanzniveau von $p < .000$. Die Ergebnisse gelten somit als signifikant.

Die Tabelle 7 enthält die Ergebnisse der linearen Regression zwischen der Prädiktor Variable SLS und der Kriteriumsvariable FAT_VÜ. Das R^2 weist einen Wert von $R^2 = .3087$ aus, was bedeutet es können 30,87 % der Kriteriumsvariablen durch die Prädiktorvariable erklärt werden. Der p-Wert liegt bei $p = 4.12e-12$ und das Signifikanzniveau bei $p < .000$. Dies gilt als signifikantes Ergebnis.

Variablen	B	Std. Error	t-wert	R2
Konstante	1.22	0.42	2.924**	
SLS	.70	.09	7.655***	.3087

***p < .000; **p < .001
Tabelle 7 Regressionanalyse SLS und FAT_VÜ

Tabelle 8 zeigt die Werte der linearen Regression der Prädiktor Variable SLS und der Kriteriumsvariable FAT_ZO. Das R^2 zeigt, dass mit einem Wert von $R^2 = .1512$ 15,12 % der Kriteriumsvariablen durch die Prädiktorvariable erklärt werden können. Der Signifikanztest ergab einen p-Wert $p = 4.12e-12$ bei einem Signifikanzniveau von $p < .000$. Das Ergebnis kann daher als signifikant gewertet werden.

Variablen	B	Std. Error	t-wert	R^2
Konstante	2.15	0.46	4.687***	
SLS	.50	.10	4.898***	0.1512

***p < .000
Tabelle 8 Regressionanalyse SLS und FAT_ZO

Die Ergebnisse der linearen Regression der Prädiktor Variable SLS und der Kriteriumsvariable FAT_ABW sind in Tabelle 9 dargestellt. Der R^2 Wert von $R^2 = .2551$ zeigt, dass zu 25,51 % die Kriteriumsvariablen durch die Prädiktorvariable erklärt werden kann. Durch den Signifikanztest wurde ein p-Wert von $p = 5.35e-10$ bei einem Signifikanzniveau von $p < .000$ ermittelt. Das Ergebnis gilt daher als signifikant.

Die Berechnung der Spearman Korrelation zu den Hypothesen H⁶ und H⁷ ergab die Korrelationskoeffizienten von r_s = .69 (p < .000) für die Variablen FAT und TEQ und

Variablen	B	Std. Error	t-wert	R²
Konstante	1.50	.41	3.654***	
SLS	.61	.09	6.722***	.2551

***p < .000
Tabelle 9 Regressionanalyse SLS und FAT_ABW

r_s = .53 (p < .000) für die Variablen SLS und TEQ. Durch den Signifikanztest wurde für die Korrelation zwischen FAT und TEQ ein p-Wert von p = 2.2e-16 bei einem Signifikanzniveau von p < .000 ermittelt. Die Korrelation von SLS und TEQ zeigt einen p-Wert von p = 4.058e-11 mit einem Signifikanzniveau von p < .000. Beide Korrelationen können somit als signifikante Ergebnisse eingestuft werden.

Tabelle 10 führt die Ergebnisse der linearen Regression zwischen der Prädiktor Variable FAT und der Kriteriumsvariable TEQ auf. Das R² von R^2 = .5424 zeigt, dass 54,24 % der Kriteriumsvariablen durch die Prädiktorvariable erklärt werden können. Der p-Wert ist p = 2e-16 mit einem Signifikanzniveau von p < .000. Das Ergebnis kann somit als signifikant gelten.

Variablen	B	Std. Error	t-wert	R²
Konstante	0.69	.28	2.478*	
FAT	.78	.06	12.405***	.5424

***p < .000; **p < .001; *p < .01
Tabelle 10 Regressionanalyse FAT und TEQ

Tabelle 11 zeigt die Ergebnisse der linearen Regression zwischen der Prädiktor- variable SLS und der Kriteriumsvariable TEQ. Das R² von R² = .3588 zeigt, dass 35,88%

Variablen	B	Std. Error	t-wert	R²
Konstante	1.51	0.31	4.918***	
SLS	.58	.07	8.555***	.3588

***p < .000
Tabelle 11 Regressionanalyse SLS und TEQ

der Kriteriumsvariablen durch die Prädiktorvariable erklärt werden können. Der p-Wert ist $p = 3.10\text{e-}14$ mit einem Signifikanzniveau von $p < .000$. Das Ergebnis kann somit als signifikant gelten.

Zur Überprüfung der Reliabilität des gewählten Instruments wurde Chronbachs Alpha herangezogen. Die Ergebnisse sind in Tabelle 12 dargestellt. Für die Subskalen des FAT ergeben sich Werte zwischen $\alpha = .83$ bis $\alpha = .86$. Das gesamte Instrument weist ein Chronbachs Alpha von $\alpha = .76$. Die Werte des FAT sprechen für eine hohe Reliabilität des Instrumentes.

Das Instrument zur Erfassung der Variable SLS besitzt in den Subskalen Werte von $\alpha = .90$ bis $\alpha = .93$. Chronbachs Alpha für die Skala SLS liegt bei $\alpha = .88$. Diese Werte zeigen ebenfalls eine hohe Reliabilität des Instrumentes.

Die Wert des Chronbachs Alpha der Subskalen für den Team Excellence Survey bewegen sich zwischen $\alpha = .80$ und $\alpha = .85$. Für das gesamte Instrument ergibt sich ein Chronbachs Alpha von $\alpha = .78$. Aufgrund der Werte kann von einer hohen Reliabilität gesprochen werden.

Instrument	α	Instrument	α	Instrument	α
F-A-T	.76	SLS	.88	TEQ	.78
FAT_ZH	.83	SLS_ATH	.90	ZIEL	.82
FAT_VÜ	.86	SLS_BSH	.90	STR	.84
FAT_ZO	.84	SLS_ERM	.91	KOM	.81
FAT_ABW	.84	SLS_LT	.93	ENG	.80
		SLS_ZRH	.92	ZAB	.81
				LEI	.83
				SUP	.85

Tabelle 12 Reliabilität der Erhebungsinstrumente Fragebogen zur Arbeit im Team, Servant Leadership Survey und Team Excellence Questionnaire

5 Diskussion

5.1 Interpretation der Ergebnisse

Die Dotplots der einzelnen Variablen zeigen bereits, dass die meisten Variablen eine rechtsschiefe Verteilung haben. Dies deutet darauf hin, dass der Großteil der befragten Personen die Items auf der Likert-Skala hoch bewertet haben. Dies spiegelt sich auch in den Kennzahlen wider. Es gab insgesamt sechs Antwortmöglichkeiten. Der Mittelwert der Skala liegt bei $M = 3$. Die Variablen weisen jedoch alle einen Mittelwert > $M = 4$ (FAT_VÜ $M = 4.34$; FAT_ABW $M = 4.22$; FAT_ZO $M = 4.37$; FAT_ZH $M = 4.48$; FAT $M = 4.35$; SLS $M = 4.44$; TEQ $M = 4.08$) auf. Daraus resultiert, dass die Mehrheit der Teilnehmer die Items mit „stimme zu" oder „stimme voll zu" beantwortet haben. Dies lässt zum einen auf eine hohe Ausprägung der Eigenschaften von Servant Leadership bei den bewerteten Führungskräften, aber auch auf eine hohe Effektivität und einen hohen Entwicklungsgrad der Teams schließen. Dies unterstützt die Aussagekräftigkeit der Daten. Zudem ergaben die Ergebnisse der Hypothesentests einen durchwegs statistisch signifikanten positiven Zusammenhang der Variablen, was dazu führt, dass alle Nullhypothesen verworfen und die Alternativhypothesen angenommen wurden.

Der Korrelationskoeffizient von $r_s = .58$ zeigt, dass es einen hohen positiven Zusammenhang zwischen der Variable Servant Leadership und der Entwicklung eines agilen Teams gibt. Aufgrund des Signifikanzniveaus von $p < .000$ wird die Nullhypothese H_1^0: Es gibt keinen statistisch signifikanten positiven Zusammenhang in agilen Teams zwischen der Input Variable Servant Leadership (SLS) und der Entwicklung eines agilen Teams (F-A-T), verworfen und die Alternativhypothese H_1: Es gibt einen statistisch signifikanten positiven Zusammenhang in agilen Teams zwischen der Input Variable Servant Leadership (SLS) und der Entwicklung eines agilen Teams (F-A-T), angenommen. Somit lässt sich die Theorie in dem Punkt, dass es einen Zusammenhang zwischen Servant Leadership und der Effektivität eines agilen Teams gibt, bestärken. Zur weiteren Bekräftigung der Alternativhypothese wurde die Regression herangezogen. Für die Zusammenhangshypothese H_1 ergibt sich für die Prädiktorvariable SLS ein Regressionskoeffizient von $\beta = .60$ und für die Kriteriumsvariable FAT ein Regressionskoeffizient von $\beta = 1.70$. Der t-Test zeigt, dass die Koeffizienten SLS ($t = 9.80$, $p < .000$) und FAT ($t = 6.19$, $p < .000$) in einem signifikanten Zusammenhang stehen. Dies bestätigt die Ergebnisse der Korrelation und zeigt zudem, dass es einen linearen Zusammenhang zwischen den Variablen gibt. Durch das R^2 können 42,44 % der Variationen der Kriteriums-variablen erklärt werden. Die dargestellten Ergebnisse sowie die theoretischen Überlegungen liefern Indizien, die auf einen kausalen Zusammenhang zwischen Servant Leadership und der Entwicklung eines agilen Teams hindeuten.

Für die Hypothese H_2 wurde ein Korrelationskoeffizient von r_s = .51 zwischen den Variablen SLS und FAT_ZH ermittelt. Dies zeigt, dass es einen hohen Zusammenhang zwischen den Variablen gibt. Aufgrund des Signifikanzniveaus von $p < .000$ wird die Nullhypothese H_2^0: Es gibt keinen statistisch signifikanten positiven Zusammenhang in agilen Teams zwischen der Input Variable Servant Leadership (SLS) und der Team Dimension Zusammenhalt (F-A-T), verworfen und die Alternativhypothese H_2: Es gibt einen statistisch signifikanten positiven Zusammenhang in agilen Teams zwischen der Input Variable Servant Leadership (SLS) und der Team Dimension Zusammenhalt (F-A-T), angenommen. Aus den Ergebnissen der Regressionsanalyse zeigt sich ebenfalls ein signifikanter Zusammenhang für die Prädiktorvariable SLS (β = .57, t = 7.39, $p < .000$) und für die Kriteriumsvariable FAT_ZH (β = 1.94, t = 5.52, $p < .000$). Des Weiteren lassen sich durch das R^2, 29,33 % der Variationen der Kriteriumsvariablen erklären. Auf Basis der theoretischen sowie der statistischen Erkenntnisse wird vermutet, dass Servant Leadership einen Einfluss auf die Dimension Zusammenhalt nimmt.

Die Ergebnisse der Korrelation zwischen den Variablen Servant Leadership und der Team Dimension Verantwortungsübernahme zeigen einen Korrelationskoeffizienten von r_s = .51 der auf einen Zusammenhang schließen lässt. Der Signifikanztest zeigt ein Signifikanzniveau von $p < .000$ was bedeutet, dass die Nullhypothese H_3^0: Es gibt keinen statistisch signifikanten positiven Zusammenhang in agilen Teams zwischen der Input Variable Servant Leadership (SLS) und der Team Dimension Verantwortungsübernahme (F-A-T), verworfen und die Alternativhypothese H^3: Es gibt einen statistisch signifikanten positiven Zusammenhang in agilen Teams zwischen der Input Variable Servant Leadership (SLS) und der Team Dimension Verantwortungsübernahme (F-A-T), angenommen werden kann. Die Regressionskoeffizienten der Variablen der Zusammenhangshypothese H^3 liegen für die Prädiktorvariable SLS bei β = .70 und für die Kriteriumsvariable FAT_VÜ bei β = 1.22. Der t-Test liefert sowohl für SLS (t = 7.65, $p < .000$) als auch für FAT_VÜ (t = 2.92, $p < .001$), dass diese Werte signifikant sind. Das R^2 zeigt, dass 30,87 % der Variationen der Kriteriumsvariablen erklärt werden können. Der theoretisch postulierte Zusammenhang zwischen Servant Leadership und der Team Dimension Zusammenhalt wird somit durch die statistischen Ergebnisse weiter bestärkt.

Die Korrelation zwischen Servant Leadership und der Team Dimension Zielorientierung weist einen Korrelationskoeffizienten von $r_s = .30$ bei einem Signifikanzniveau von $p < .000$ auf. Daher kann die Nullhypothese $H_4{}^0$: Es gibt keinen statistisch signifikanten positiven Zusammenhang in agilen Teams zwischen der Input Variable Servant Leadership (SLS) und der Team Dimension Zielorientierung (F-A-T), verworfen und die Alternativhypothese H^4: Es gibt einen statistisch signifikanten positiven Zusammenhang in agilen Teams zwischen der Input Variable Servant Leadership (SLS) und der Team Dimension Zielorientierung (F-A-T), angenommen werden. Die Überprüfung der Zusammenhangshypothese H^4 liefert für die Prädiktorvariable SLS ein Regressionskoeffizient von $\beta = .50$ und für die Kriteriumsvariable FAT_ZO ein Regressionskoeffizient von $\beta = 2.15$. Durch die Ergebnisse des t-Tests wird die Signifikanz der Koeffizienten SLS ($t = 4.90$, $p < .000$) und FAT_ZO ($t = 4.69$, $p < .000$) deutlich. Anhand der Auswertung des R^2 wurde festgestellt, dass 15,12% der Variationen der Kriteriumsvariablen durch die Prädiktorvariable erklärt werden können. Somit wird aufgezeigt, dass zwischen Servant Leadership und der Team Dimension Zielorientierung ein mittlerer linearer Zusammenhang besteht, der bereits vermutet wurde.

Der aus der Korrelation zwischen Servant Leadership und der Team Dimension Aufgabenbewältigung entstandene Korrelationskoeffizient von $r_s = .48$ weist ein Signifikanzniveau von $p < .000$ auf. Somit kann die Nullhypothese $H_5 0$: Es gibt keinen statistisch signifikanten positiven Zusammenhang in agilen Teams zwischen der Input Variable Servant Leadership (SLS) und der Team Dimension Aufgabenbewältigung (F-A-T), verworfen und die Alternativhypothese H^5: Es gibt einen statistisch signifikanten positiven Zusammenhang in agilen Teams zwischen der Input Variable Servant Leadership (SLS) und der Team Dimension Aufgabenbewältigung (F-A-T), angenommen werden. Für das Regressionsmodell zur Überprüfung der Zusammenhangshypothese H^5 ergibt sich für die Prädiktorvariable SLS ein Regressionskoeffizient von $\beta = .61$ und für die Kriteriumsvariable FAT_ABW ein Regressionskoeffizient von $\beta = 1.50$. Der t-Test gibt für die Koeffizienten SLS ($t = 6.72$, $p < .000$) und FAT_ABW ($t = 3.65$, $p < .000$) ein signifikantes Ergebnis aus. Durch das R^2 können 25,51% der Variationen der Kriteriumsvariablen erklärt werden. Es kann daher davon ausgegangen werden, dass der in der Theorie skizzierte Zusammenhang zwischen Servant Leadership und der Team Dimension Aufgabenbewältigung vorhanden ist.

Auf Basis der statistischen Werte wird deutlich, dass die in den theoretischen Überlegungen zu den Zusammenhängen zwischen Servant Leadership und der Effektivität agiler Teams, weitestgehend mit den Erkenntnissen der statistischen Auswertung einhergehen. So zeigt sich, dass zwischen Servant Leadership und den persönlichen Bereichen Zusammenhalt und Verantwortungsübernahme ein stärkerer Zusammenhang besteht als mit den Variablen der strukturorientierten Bereiche.

Für die Hypothese H⁶ wurde ein Korrelationskoeffizient von r_s = .69 ermittelt, der ein Signifikanzniveau von $p < .000$ hat. Aufgrund dessen kann die Nullhypothese H_6^0: Es gibt keinen statistisch signifikanten positiven Zusammenhang zwischen der als hoch wahrgenommenen Entwicklung eines Teams (F-A-T) und der als hoch wahrgenommenen Effektivität eines Teams (TEQ), verworfen und die Alternativhypothese H_6: Es gibt einen statistisch signifikanten positiven Zusammenhang zwischen der als hoch wahrgenommenen Entwicklung eines agilen Teams (F-A-T) und der als hoch wahrgenommenen Effektivität eines agilen Teams (TEQ), angenommen werden. Für das Regressionsmodell zur Überprüfung der Zusammenhangshypothese H⁶ ergibt sich für die Prädiktorvariable FAT ein Regressionskoeffizient von β = .78 und für die Kriteriumsvariable TEQ ein Regressionskoeffizient von β = .69. Anhand des t-Tests wurde die Signifikanz der Koeffizienten FAT (t = 12.40, $p < .000$) und TEQ (t = 2.48, $p < .000$) nachgewiesen. Durch das R^2 können 54,24% der Variationen der Kriteriumsvariablen erklärt werden. Diese Ergebnisse unterstützen die Annahme, dass durch die Entwicklung eines agilen Teams die Effektivität eines agilen Teams gesteigert werden kann.

Der Korrelationskoeffizient der Korrelation zwischen Servant Leadership und der Effektivität von Teams liegt bei r_s = .53 und weist ein Signifikanzniveau von $p < .000$ auf. Die Nullhypothese H_7^0: Es gibt keinen statistisch signifikanten positiven Zusammenhang zwischen der Input Variable Servant Leadership (SLS) und der Output Variable der Effektivität von agilen Teams (TEQ), wird somit verworfen und die Alternativhypothese H_7: Es gibt einen statistisch signifikanten positiven Zusammenhang zwischen der Input Variable Servant Leadership (SLS) und der Output Variable Effektivität von agilen Teams (TEQ), angenommen. Durch die Regression ergibt sich für die Prädiktorvariable SLS ein Regressionskoeffizient von β = .58 und für die Kriteriumsvariable TEQ ein Regressionskoeffizient von β = 1.51. Der t-Test zeigt, dass die Koeffizienten SLS (t = 8.55, $p < .000$) und TEQ (t = 4.92, $p < .000$) signifikant sind. Das R^2 zeigt, dass 35,88% der Variationen der Kriteriumsvariablen erklärt werden können. Somit wird die durch die Forschungsfrage implizierte Beziehung zwischen Servant Leadership und der Effektivität eines Teams anhand des hohen Zusammenhangs deutlich. Die Ergebnisse gehen somit in dieselbe Richtung wie von Irving (2005) sowie Mahembre und Engelbrecht (2014).

Zusammenfassend kann gesagt werden, dass sich die theoretischen Überlegungen in den Ergebnissen der empirischen Studie widerspiegeln. Servant Leadership beeinflusst positiv die Entwicklung eines agilen Teams und hier vor allem die persönlichen Aspekte. Die Entwicklung eines agilen Teams wiederum nimmt Einfluss auf die Effektivität eines agilen Teams. Durch diese beiden Zusammenhänge zeichnet sich eine potenzielle Erklärung des Zusammenhangs zwischen Servant Leadership und der Effektivität eines agilen Teams ab. Servant Leadership hat deshalb einen positiven Effekt auf die Entwicklung eines agilen Teams, da zunächst die Entwicklung eines Teams positiv beeinflusst wird, welche wiederum einen positiven Einfluss auf die Effektivität eines agilen Teams hat. Aus den Hypothesentests kann somit abgeleitet werden, dass der durch die Forschungsfrage postulierte Zusammenhang zwischen Servant Leadership und der Effektivität agiler Teams besteht.

Neben den Daten der deskriptiven Statistik und Inferenzstatistik wurde zusätzlich das Gütekriterium Reliabilität überprüft. Es sollte sichergestellt sein, dass die gewählten Items eine zuverlässige Messung erlauben. Die Ergebnisse des Chronbachs Alpha zeigen durchgängig hohe Werte, was für eine hohe Reliabilität, also Zuverlässigkeit spricht. Der F-A-T weist ein $\alpha = .76$ auf und zeigt daher den geringsten, dennoch guten Wert. Die Messung der einzelnen Variablen zeigt deutlich höhere Werte. Sie liegen zwischen $\alpha = .83$ und $\alpha = .86$. Kauffeld (2001) konnte deutlich höhere Werte zwischen $\alpha = .89$ und $\alpha = .90$ vorweisen. Ihre Messung erfasste die Variable deutlich genauer.

Für den Servant Leadership Survey ergibt sich eine Reliabilität von $\alpha = .76$, was einen sehr hohen Wert darstellt und die Ergebnisse der Vorgängerstudien repliziert. Hier lagen die Werte der Reliabilität zwischen $\alpha = .89$ und $\alpha = .95$. Für die Skalen ergaben sich Werte zwischen $\alpha = .90$ und $\alpha = .93$.

Für den TEQ liegt die Gesamtreliabilität bei $\alpha = .78$ und weicht damit von Irving (2005) mit $\alpha = .81$ nur gering ab. Mahembe und Engelbrecht konnten eine Reliabilität von $\alpha = .79$, nachweisen die fast der aus dieser Studie entspricht. Es kann also davon ausgegangen werden, dass die Items zuverlässig gemessen haben und somit eine gute Datenbasis für diese Auswertung geschaffen wurde.

5.2 Kritik

Die Forschungsfrage, die es im Rahmen dieser Arbeit zu erörtern galt, wurde in ähnlicher Form bereits von Irving (2005) sowie von Mahembe und Engelbrecht (2014) untersucht. Für diese Studie galt es daher, auf den Erkenntnissen der Forscher aufzubauen. Beide Studien konnten bereits einen signifikanten positiven Zusammenhang zwischen Servant Leadership und der Effektivität eines Teams nachweisen. Irving (2005) im non profit Bereich und Mahembe und Engelbrecht (2014) im südafrikanischen Schulsektor. Eine empirische Untersuchung im wirtschaftlichen Umfeld ergänzt somit die bisherigen Erkenntnisse. Zusätzlich sollte auf den Zusammenhang zwischen Servant Leadership und der Effektivität eines Teams mehr eingegangen werden um dessen Ursprung besser zu verstehen. Hierzu wurde in der Literatur nach möglichen Erklärungen geforscht und die These, dass Servant Leadership zunächst die Entwicklung eines agilen Teams beeinflusst und die Entwicklung eines agilen Teams wiederum die Effektivität eines agilen Teams beeinflusst, quantitativ untersucht. Dadurch, dass der Zusammenhang nicht wie bei den Vorgängerstudien mit regulären Teams sondern mit agilen Teams untersucht wurde, ergeben sich weitere Möglichkeiten, die es in zukünftigen Arbeiten zu erforschen gilt.

Die statistischen Ergebnisse der Studie können keinen kausalen Zusammenhang bestätigen, jedoch konnten die H_0 Hypothesen im Sinne der theoretischen Befunde verworfen werden. Die Annahme, dass ein Zusammenhang zwischen Servant Leadership und der Effektivität eines agilen Teams besteht, wird zusätzlich durch die signifikanten Ergebnisse von Irving (2005) sowie von Mahembe und Engelbrecht (2014) bekräftigt. Es lässt sich daher zumindest die Tendenz erkennen, dass Servant Leadership einen positiven Einfluss auf die Entwicklung eines agilen Teams hat und dies der Grund für den Zusammenhang zwischen Servant Leadership und der Effektivität von agilen Teams ist. Es bedarf jedoch weiterer Untersuchungen mit Blick auf mehr Merkmale, um diese Erkenntnisse weiter zu festigen. Ein Merkmal, welches untersucht werden sollte, ist die zwischenmenschliche Beziehung von Führungskraft und Team. Es wäre durchaus möglich, dass die Führungskraft nach den Maximen des Servant Leadership handelt, das agile Team jedoch dafür nicht empfänglich ist. Da Servant Leadership gerade die persönlichen Dimensionen der Entwicklung eines Teams anspricht, würde eine Ablehnung von Servant Leadership vermutlich negative Werte begünstigen. Es wäre interessant zu sehen, ob dadurch die Entwicklung eines agilen Teams und die Effektivität eines agilen

Teams leidet oder unter dem Aspekt des Groupthink sogar begünstig wird. Hierzu lassen sich keine Erkenntnisse aus der durchgeführten Studie gewinnen.

Mit Blick in die Literatur wird auch deutlich, dass es im Bereich der Team- und Servant Leadership Forschung hierzu ein noch nicht erschlossenes Feld gibt. Die Frage, wie ein Servant Leader bei Ablehnung durch sein Team reagiert, ist offen. Dies hängt vermutlich damit zusammen, dass angenommen wird, dass Servant Leadership als Lebenseinstellung gesehen wird (Weibler, 2016) und Servant Leader erst dann zu Führungskräften werden, wenn sie durch ihre Mitarbeiter dazu gemacht werden (Greenleaf, 1977). In klassischen Wirtschaftsunternehmen können sich die Mitarbeiter ihre Führungskräfte jedoch nicht aussuchen. In der Regel werden sie ihnen organisatorisch zugeordnet (Becker, 2016). Über diesen Umstand lässt sich in der Literatur nur sehr wenig bis gar nichts finden. Die Anregung für weitere Studien wäre daher, zu untersuchen wie stark Servant Leadership in klassischen Wirtschaftsunternehmen ausgeprägt ist und wie sich Servant Leader in den unterschiedlichen Situationen, zum Beispiel bei Ablehnung, verhalten. In Zukunft könnten solche Untersuchungen deshalb relevant werden, da der Diskussion um mehr Agilität in Unternehmen immer mehr Aufmerksamkeit zukommt (Förster & Wendler, 2012) und in Unternehmen, die sich für mehr Agilität entscheiden das Hierarchiedenken langfristig verändert werden muss. Wie aufgezeigt werden konnte, gehören zur organisationalen Agilität in der Regel selbstorganisierte Teams (Förster & Wendler, 2012). Ob diese Teams weiterhin mit klassischen Führungsmethoden effektiv geführt werden können, sollte hinreichend untersucht werden. Für den Fall, dass es Alternativen in der Führung von agilen Teams braucht, konnte diese Studie bereits aufzeigen, dass Servant Leadership in Hinblick auf die Effektivität eines agilen Teams durchaus eine Alternative sein kann.

Es bedarf jedoch noch weiterer und konkreterer Studien um diesbezüglich aussagekräftig zu sein. Die Untersuchung in dieser Arbeit hielt sich sehr allgemein. Es wurde lediglich die kumulierte Stichprobe bestehend aus Führungskräften und Teammitgliedern zu einem bestimmten Zeitpunkt auf Zusammenhänge zwischen Servant Leadership, der Entwicklung eines agilen Teams, der Team Dimensionen sowie der Effektivität eines agilen Teams untersucht. Um der Fragestellung, welchen Einfluss Servant Leadership auf die Effektivität agiler Teams, hat jedoch Genüge zu tun, wäre es sinnvoll die agilen Teams innerhalb einer Stichprobe zu differenzieren und in den einzelnen agilen Teams den Zusammenhang zwischen Servant Leadership und der Effektivität eines agilen Teams zu untersuchen. Somit wäre es möglich den Einfluss einer Führungskraft auf ihr agiles Team darzustellen und mit den Werten anderer agiler Teams zu vergleichen. Damit ließe sich ganz konkret untersuchen, in wieweit Führungskräfte, die als Servant Leader agieren, Einfluss auf die Entwicklung und die Effektivität eines agilen Teams nehmen. Zusätzlich ergäbe sich die Möglichkeit, die gleichen Teams über einen bestimmten Zeitraum hinweg zu untersuchen und sie mit Kontrollgruppen zu vergleichen. Die Ergebnisse aus diesen Untersuchen wären in der Lage, ein ganz konkretes Bild bezüglich der Zusammenhänge darzustellen.

Diese Art der Untersuchungen war aus unterschiedlichen Gründen im Rahmen dieser Studie nicht möglich. Ausschlaggebend war, dass gewährleistet werden musste, die Daten anonym zu erheben und keine Personen anhand ihrer Angaben identifizieren zu konnten. Beispielsweise hätte durch die Angabe der Bezeichnung des Teams unter Umständen die befragte Person identifiziert werden können. Dies waren die Bedingungen des Unternehmens, in welchem die Daten erhoben wurden. Den Teilnehmern war es daher freigestellt, Angaben darüber zu machen, zu welchem Team sie gehören. Die wenigsten Teilnehmer machten jedoch hierzu eine Aussage. So war es später nicht möglich, die einzelnen Teilnehmer einem Team zuzuordnen und einzelne agile Teams zu differenzieren. Somit fehlte die Basis für die aufgezeigten Untersuchungsmethoden.

Bei der Erhebung der demografischen Daten wurde abgefragt, wer Führungskraft und wer Teammitglied sei, da dies vor allem für den Servant Leadership Survey relevant war. Auf Basis dieser Information konnte der SLS auf die befragte Person zugeschnitten werden. Dies sollte dazu dienen, die Objektivität und Reliabilität des Instrumentes zu fördern. Insgesamt wurden lediglich Items ausgewählt, die aus bereits evaluierten und bezüglich der Gütekriterien getesteten Instrumenten stammen. Idealerweise wären die Instrumente vollständig und mit ihrer originalen Skala verwendet worden. Zur Reduzierung des zeitlichen Aufwandes für die Teilnehmer wurden einzelne Items aus den Instrumenten ausgewählt. Um die Ergebnisse vergleichbar zu machen wurde eine einheitliche sechsstufige Likert-Skala eingesetzt. Durch die Verwendung bestehender Instrumente wurde sichergestellt, dass die Qualität der Befragung nicht aufgrund von unzureichend differenzierten Items sank. Die Objektivität sowie Validität wurde in den vorherigen Studien bereits intensiv diskutiert und als gut bewertet. Für eine hohe Reliabilität stehen die in der Auswertung ermittelten hohen Werte. Der F–A–T weißt ein $\alpha = .76$, der SLS $\alpha = .88$ und der TEQ $\alpha = .78$ auf.

Auf Basis der Differenzierung von Führungskräften und Teammitgliedern hätte eine Untersuchung zwischen Führungskraft und Team stattfinden können. Die

Anzahl der teilgenommenen Führungskräfte von $N = 15$ war jedoch sehr niedrig und die Aussagekraft der Daten dadurch ebenfalls sehr niedrig. Somit wurden Führungskräfte und Teammitglieder für die statistische Auswertung zusammengefasst und als kumulierte Stichprobe auf die Zusammenhänge hin untersucht. Im Allgemeinen ist die Zahl von $N = 130$ untersuchten Teilnehmern ausreichend. Die Stichprobe lässt jedoch lediglich einen Rückschluss auf die IT Abteilung des Automobilherstellers zu und hat keine Aussagekraft bezüglich anderer agiler Teams in anderen Unternehmen. Daher wird der Stichprobe eine Repräsentativität hinsichtlich ihrer Merkmale, jedoch nicht auf die Population bezogen, zugeschrieben. Zur Ausführung der beschriebenen Designs sollte daher eine deutlich größere Stichprobe, die sich eventuell über mehrere Unternehmen erstreckt, erhoben werden. Dies würde zusätzlich einen hohen ökonomischen Aufwand bedeuten, der für diese Studie in keiner Relation stand, weshalb diese Studie ein Unternehmen fokussierte.

Für die statistische Auswertung spielt dieser Umstand dahingehend eine Rolle, dass es fragwürdig ist, ob vorliegende Stichprobe als Zufallsstichprobe gewertet werden kann. Ist dem nicht so, sollte kein linearer Zusammenhang angenommen werden, der jedoch als Voraussetzung für die Berechnung der linearen Regression gilt (Döring & Bortz, 2016). Im Rahmen dieser Studie wird die Stichprobe als Zufallsstichprobe gewertet, da durchaus weitere Stichproben aus den 4000 Mitarbeitern der IT Abteilung mit anderen Verteilungen gezogen werden können. Aufgrund dieser Tatsache wurde entschieden, die Kennzahlen der linearen Regressionsanalyse als zusätzliches Messverfahren zur Untersuchung der Zusammenhangshypothesen einzusetzen. Die Ergebnisse der Regressionsanalyse verdeutlichen die Ergebnisse der Spearman Korrelation. Die Spearman Korrelation wurde gewählt, da die Daten eine deutliche Rechtsschiefe aufweisen und als nicht Normalverteilt gelten. Dieser Umstand lässt sich daraus erklären, dass die Teilnehmer auf jeder Skala hoch bewertet haben. Dies könnte zum einen auf einen kausalen Zusammenhang hindeuten zum anderen aber auch auf eine Stichprobe die bezüglich ihrer Merkmale zu konkret ausgewählt wurde und die Ergebnisse daher vorhersagbar waren. Dies ist ein weiteres Indiz dafür, dass zusätzliche Untersuchungen hinsichtlich der Zusammenhänge angestrebt werden sollten. Typischerweise wird bei intervallskalierten oder normalverteilten Daten die Pearson Korrelation verwendet (Döring & Bortz, 2016). Da die Voraussetzung der Normalverteilung jedoch nicht gegeben war, wurde der Korrelationskoeffizient der Spearman Korrelation als entscheidender Indikator für den Hypothesentest eingesetzt. Als Signifikanztest wurde der p-

Wert (Döring & Bortz, 2016) berechnet und anhand des Signifikanzniveaus die Hypothese angenommen oder verworfen.

Neben den wissenschaftlichen Aspekten ist auch der Aspekt der Praxistauglichkeit der Ergebnisse nicht zu vernachlässigen. Auch wenn es sich bei vorliegender Studie um eine rein private Forschung handelt, die keine ökonomischen Ziele verfolgt, können die Ergebnisse für Unternehmen durchaus relevant sein. So liefert diese Arbeit einen guten Überblick über den Führungsstiel Servant Leadership sowie dessen Bezug zur Agilität in Unternehmen. Überlegt sich beispielsweise ein Unternehmen auf agile Methoden umzustellen finden interessierte Personen Informationen zur organisationalen Agilität in dieser Arbeit. In diesem Kontext kann die empirische Studie dazu anregen, Führungskräfte mehr nach ihren Fähigkeiten in Bezug auf Servant Leadership auszuwählen und einzustellen oder agil Teams zu fördern. Für die Auswahl der richtigen Führungskräfte und deren Beurteilung kann der Fragebogen von van Dierendonck und Nuijten (2011) ein nützliches Werkzeug sein. Zusätzlich werden Informationen über die Teamentwicklung, den Teamentwicklungsprozess sowie über das Erhebungsinstrument F-A-T (Kauffeld, 2001) dargeboten. Möchte sich eine Führungskraft oder ein Unternehmen zunächst mit diesen Themen auseinandersetzten, bietet diese Arbeit einen guten Einstieg sowie die Referenz eines guten Instruments. Neben diesen Themen wird auch ein Überblick zur Effektivität von Teams gegeben. Dabei wurde darauf geachtet, den aktuellen Stand der Forschung sowie die relevanten Hintergrundinformationen darzustellen.

Gleichzeitig liefert diese Arbeit auch ein Instrument, welches zur Selbstkontrolle im Unternehmen eingesetzt werden kann. So wäre es denkbar, den zusammengestellten Fragebogen nach oben beschriebenem Szenario einzusetzen. Dadurch könnten Unternehmen für sich die tatsächliche Wirkung von Servant Leadership in Bezug auf ihre agile Organisation untersuchen und prüfen, ob die Ergebnisse dieser Studie replizierbar sind und ob Servant Leadership einen deutlichen Mehrwert in der agilen Organisationsstruktur schafft. Auf Basis der gewonnenen Informationen und Erkenntnisse wird angenommen, dass gerade Organisationen die die Agilität leben, langfristig von den Eigenschaften des Servant Leaderships profitieren. Abschließend kann gesagt werden, dass die Erkenntnisse dieser Studie durchaus als valide gelten und als Impuls für weitere Studien in den Bereichen Servant Leadership, Agilität, Entwicklung eines agilen Teams und Effektivität von agilen Teams gesehen werden können.

Literaturverzeichnis

Avolio, B. J., & Gardner, W. L. (2005). Authentic leadership development: Getting to the root of positive forms of leadership. *Leadership Quarterly, 16*, 315-338.

Bass, B. M. (1985). *Leadership and performance: Beyond expectations.* New York: Free Press.

Beck, K., Beedle, M., Bennekum v., A., Cockburn, A., Cunningham, W., Fowler, M., Grenning, J., Highsmith, J., Hunt, A., Jeffries, R., Kern, J., Marick, B., Martin, R., C., Mellor, S., Schwaber, K., Sutherland, J., Thomas, D. (2001). *Agiles Manifesto.* Retrieved 12. 21, 2017, from agilemanifesto.org: agilemanifesto.org

Becker, F. (2016). *Teamarbeit, Teampsychologie, Teamentwicklung.* München: Spirnger.

Block, P. (1993). *Stewardship: Choosing service over self-interest.* San Francisco: Berrett-Koehler.

Block, P. (2005). Servant-leadership: Creating an alternative future. *Keynote address, 2005 International Servant-Leadership, Conference Indianapolis, Indiana, Uniteed States of Americas. International Journal fo Servant-Leadership, 2*, S. 55-79.

Bortz, J., & Schuster, C. (2010). *Statistik für Human- und Sozialwissenschaftler.* Berlin: Springer.

Choi, Y., & Mai-Dalton, R. R. (1999). The model of followers' responses to self-sacrificial leadership: An empirical test. *The Leadership Quarterly, 10*, 397-421. doi: 10.1016/S1048-9843(99)00025-9

Cohen, J. (1992). A power primer. *Psychological Bulletin, 112*(1), 155–159.

Collins, J. (2001). *Good to great: Why some companies make the leap and others don't.* London: Random House Business Books.

Conger, J. A. (2000). Motivate performance through empowerment. In E. A. Locke (Hrsg.), *The Blackwell handbook of principles of organizational behavior* (S. 137-149). Oxford: Blackwell Publishing Ltd.

Day, D. V., Gronn, P., & Salas, E. (2006). Leadership in Team-Based Organizations: On the Threshold of a New Era. *The Leadership Quarterly, 17*(3), 211-216.

Dennis, R. S., & Bocarnea, M. (2005). Development of the servant leadership assessment instreument. *Leadership & Organization Development Journal, 26*(8), 600-615. doi:10.1108/01437730510633692

Döring, N., & Bortz, J. (2016). *Forschungsmethoden und Evaluations in den Sozial- und Humanwissenschaften.* Berlin Heidelberg: Springer-Verlag.

Ferch, S. R. (2003). *Servant-leadership, forgiveness, and social justice.* Indianapolis: The Greenleaf Center of Servant Leadership.

Förster, K., & Wendler, R. (2012). *Theorien und Konzepte zu Agilität in Organisationen.* Dresden: Universität Dresden.

Fry, L. W. (2008). Maximizing the Triple Bottom Line through Spiritual Leadership. *Organizational Dynamics, 37*(1), 86–96. doi:10.1016/j.orgdyn.2007.11.004

George, J. M. (2000). Emotions and leadership: The role of emotional intelligence. *Human Relations, 53*(8), 1027-1055.

Greenleaf, R. K. (1970). *The Servant as Leader.* Indianapolis: The Greenleaf Center for Servant Leadership.

Greenleaf, R. K. (1977). *Servant Leadership — A Journey into the Nature of Legitimate Power and Greatness.* New York: Paulist Press.

Greenleaf, R. K. (1996). *On becoming a servant leader.* San Francisco: Jossey-Bass.

Ilgen, D., Hollenbeck, J., Johnson, M., & Jundt, D. (2005). Teams in organizations: From input-process-output models to IMOI models. *Annual Review Psychology, 56*, 517 - 543.

Irving, A. J. (2005). *Servant Leadership and the Effectiveness of Teams.* (Dissertation). Regent University, London.

Janis, L. R. (1982). *Groupthink: Psychological Studies of Policy Decisions and Fiascoes.* Boston: Wadsworth, Cengage Learning.

Kauffeld, S. (2001). Der Fragebogen zur Arbeit im Team (F-A-T). *Zeitschrift für Arbeits-und Organisationspsychologie, 45*, 26-33.

Klein, K. J., & House, R. J. (1995). On fire: Charismatic Leadership and Levels of analysis. *The Leadership Quarterly, 6*(2), 183-198.

Konczak, L. J., Stelly, D. J., & Trust, M. L. (2000). Defining and Measuring Empowering Leader Behaviors: Development of an Upward Feedback Instrument. *Educational and Psychological Measurement, 60*(2), 301-313. doi:10.1177/00131640021970420

Kozlowski, S. W., & Bell, B. S. (2003). Work groups and teams in organizations. In W. C. Borman, D. R. Ilgen, & R. J. Klimoski, *Handbook of psychology: Industrial and Organizational Psychology* (S. 333 - 375). New York: Wiley.

Kozlowski, S. W., & Ilgen, D. R. (2006). Enhancing the effectiveness of work groups and teams. *Psychological Science in the Public Interest, 7*, 77-124.

LaFasto, F., & Larson, C. (2001). *When Teams work best.* California: Sage Publication.

Larson, C. E., & LaFasto F., M. J. (1989). *Teamwork: What Must Go Right/What Can Go Wrong .* London: Sage Publication, Inc.

Laub, J. A. (1999). *Assessing the servant organization: Development of the Organizational Leadership Assessment (OLA) Instrument.* (Dissertation). Florida Atlantic University, Florida.

Leiner, D. J. (2014). SoSci Survey (Version 2.5.00-i) [Computer software]. URL: https://www.soscisurvey.de (Abruf am 30.06.2018).

Mahembe, B., & Engelbrecht, A. S. (2014). The relationship between servant leadership, organisational citizenship behaviour and team effectiveness. *SA Journal of Industrial Psychology, 40*(1), 1-10.

Marks, M. A., Mathieu J., E., & ZaccacoS., J. (2001). A Temporally Based Framework and Taxonomy of Team Processes. *The Academy of Management Review, 26*(3), 356-376.

Mathieu, J., Maynard, T. M., Rapp, T., & Gilson, L. (2008). Team Effectiveness 1997-2007: A Review of Recent Advancements and a Glimpse Into the Future. *Journal of Management, 34*, 410-476. doi:DOI: 10.1177/0149206308316061

McGrath, J. E. (1964). *Social Psychology: A brief introduction.* New York: Holt, Rinehart & Winston.

Northouse, G. P. (2018). *Leadership: Theory and Practice* (8 Ausg.). Michigan: Sage publication, inc.

Patterson, K. A. (2003). Servant leadership: A theoretical model. (Dissertation). Regent University, London.

Pearce, C. L. (2002). Vertical Versus Shared Leadership as Predictors of the Effectiveness of Change Management Teams: An Examination of Aversive, Directive, Transactional, Transformational, and Empowering Leader Behaviors. *Group Dynamics: Theory, Research, and Practice, 6*(2), 172-197. doi:10.1037//1089-2699.6.2.172

Peterson, C., & Seligmann, M. E. (2004). *Character strengths and virtues. A handbook and classification.* Oxford: Oxford University Press.

Rodriguez-Carvajal, R., de Rivas, S., Herrero, M., Moreno-Jimenez, B., & Van Dierendonck, D. (2014). Leading People Positively: Cross-Cultural Validation of the Servant Leadership Survey (SLS). *Spanish Journal of Psychology, 17*(63), 1-13. doi:10.1017/sjp.2014.73

Rubin, I. M., Plovnick, M. S., & Fry, R. E. (1978). *Task-oriented Team Development.* New York: McGraw-Hill.

Russell, R. F., & Stone, A. G. (2002). A review of servant leadership attributes: Developing a practical model. *Leadership and Organization Development Journal, 23*(3), 145 - 157.

Schwaber, K., & Sutherland, J. (2017). *Der Scrum Guide. Der gültige Leitfaden für Scrum: Die Spielregeln.* Abgerufen am 20. 02 2018 von http://www.scrumguides.org/docs/scrumguide/v2017/2017-Scrum-Guide-German.pdf

Shapiro, S. S., & Wilk, M. B. (1965). An Analysis of Variance Test for Normality (Complete Samples). *Biometrika, 52*, 591-611.

Sharp, J. M., Hides, M. T., Bamber, C. J., & Castka, P. (2000). Continuous Organisational Learning through the development of High Performance Teams. *1st international Conference of Systems Thinking in Management.*

Spears, L. C. (1998). *The power of servant Leadership.* San Francisco: Berrett-Koehler.

Termer, F. (2016). *Determinanten der IT-Agilität: Theoretische Konzeption, empirische Analyse und Implikationen.* Wiesbaden: Springer Gabler.

Tuckman, B. W. (1965). Developmental sequence in small groups. *Psychological Bulletin, 63*(6), 384-399.

Van Dierendonck, D. (2011). Servant Leadership: A review and synthesis. *Journal of Management, 37*(4), 1228 - 1261.

Van Dierendonck, D., & Nuijten, I. (2011). The Servant Leadership Survey: Development and Validation of a Multidimensional Measure. *Journal of Business and Psychology, 26*, 249-267. doi: 10.1007/s10869-010-9194-1

van Dierendonck, D., Sousa, M., Gunnarsdóttir, S., Bobbio, A., Hakanen, J., Pircher Verdorfer, A., Duyan, C., E., Rodriguez-Carvajal, E. (2017). The Cross-Cultural Invariance of the Servant Leadership Survey: A Comparative Study across Eight Countries. *administrative sciences, 7*, 1-11. doi:10.3390/admsci7020008Weibler, J. (2016). *Personalführung.* München: Franz Vahlen.

Weinreich, U. (2016). *Lean Digitization - Digitale Transformation durch agiles Management.* Berlin: Springer Gabler.

West, M. (1994). *Effective Teamwork.* Exeter: BPC Wheatons Ltd. .

Westwood, R., & Chan, A. (1992). Headship and Leadership. In R. Westwood (Hrsg.), *Organisational Behavior: Southeast Asian Perspectives* (S. 118-142). Hong Kong: Longman.

Winston, B. E. (2002). *Be a Leader for God's Sake.* Virginia Beach: School of Leadership Studies Regent University.

Anhang 1

Abgrenzung Servant Leadership zu weiteren Führungstheorien		
Theorie	**Kernaussage**	**Abgrenzung zu Servant Leadership**
Transformationale Führung	Führung durch Transformation von Idealen, Werten und Zielen der Geführten. (Bass, 1985)	Die Führungskraft repräsentiert die Ziele der Organisation, nicht die Bedürfnisse und Wünsche der Geführten.
Authentische Führung	Führende sind stark selbstreflektiert und strahlen so Authentizität aus, welche von den Geführten wahrgenommen wird. (Avolio & Gardner, 2005)	Die Führungskraft projiziert die Ziele welche sie vertritt auf die Geführten und macht sie damit zu deren eigenen Zielen.
Ethische Führung	Vorbild für Normen und angemessenes Verhalten in der Organisation.	Servant Leader fördert die Entwicklung von ethischen Normen der Individuen während ethische Führung die ethischen Normen der Organisation vermitteln will.
Level 5 Führung	Sorgt für das Wohl der Organisation durch persönliche Bescheidenheit und professionelle Durchsetzungskraft. (Collins, 2001)	Das Wohl der Organisation steht über dem der Geführten.
Empowering Leadership	Die Führungskraft involviert die Geführten bei Entscheidungen. (Pearce & Sims, 2002)	Schließt keine weiteren Merkmale des Servant Leadership mit ein.
Spirituelle Führung	Kreieren einer Vision und Kultur die sowohl die Geführten als auch den Führenden motiviert. (Fry & Slocum, 2008)	Spiritueller Führung weißt kein eindeutiges Verhalten einer Führungskraft aus.
Aufopfernde Führung	dauerhaftes oder zeitweises Zurückstellen der Eigenen Interessen. (Choi & Mai-Dalton, 1999)	Keine grundsätzliche Lebenshaltung, sondern bewusste Kontrolle.

Abgrenzung Servant Leadership zu weiteren Führungstheorien		
Theorie	**Kernaussage**	**Abgrenzung zu Servant Leadership**
Paternalistische Führung oder väterliche Führung	Starke Autorität wird mit Anteilnahme und Rücksicht für die Geführten verbunden. (Westwood & Chan, 1992)	Servant Leader führen durch Überzeugung nicht Autorität.
Charismatische Führung	Die Führer und die Geführten Beziehung beruht auf Charisma. (Klein & House, 1995)	Die Führungspersönlichkeit kann unterschiedliche Interessen vertreten. Die der Geführten sind nicht Priorität.
Emotionssensible Führung	Emotionen von sich und Geführten erfassen und angemessen darauf reagieren sowie damit umgehen. (Weibler, 2016)	Emotionen zu erkennen und angemessen darauf zu reagieren, fokussiert nicht die Beziehung zwischen Führer und Geführten.

Anhang 2

	Gesamt (N=130)			MW FK (N=15)			MW TM (N=115)		
	Häufigkeit	Antwort	%	Häufigkeit	Antwort	%	Häufigkeit	Antwort	%
Alter	38	31 - 40	29,20%	6	41 - 50	40	35	31 - 40	30,43
Betriebszugehörigkeit	37	5 Jahre - 10 Jahre	28,46	5	5 Jahre - 10 Jahre	33,33	32	5 Jahre - 10 Jahre	27,84
Teamzugehörigkeit	52	1 - 3 Jahre	40%	6	1 Jahr - 3 Jahre	40	47	1 Jahr - 3 Jahre	40,87
Führungszeitraum	55	bis 3 Jahre	42,31	5	5 bis 3 Jahre	33,33	50	bis 3 Jahre	43,48

Geschlecht	Gesamt	%	disz. FK	%	Teammitglieder	%	Summe
männlich (1)	83	63,85	10		73	56,15	83
weiblich (2)	47	36,15	5		42	32,31	47
Summe	130		15		115		130

	Durchschnitt
Anzahl Teammitglieder	10,33333333